Paul Schallweg
Opern auf Bayrisch
1. Akt

Paul Schallweg

Opern auf Bayrisch
1. Akt

Mit Illustrationen von
Dieter Olaf Klama

rosenheimer

3. Auflage
© 2015 Rosenheimer Verlagshaus GmbH & Co. KG,
Rosenheim
www.rosenheimer.com

Titelbild: Dieter Olaf Klama
Illustrationen: Dieter Olaf Klama
Satz: Fotosatz Buck, Kumhausen
Druck und Bindung: CPI Moravia Books, Pohořelice
Printed in Czech Republic

ISBN 978-3-475-54025-7

Inhalt

Aida
oder
Das Liebesdrama am Nil
nach'm Verdi Sepp.......................... 7

Carmen
oder
Wia d'Liab an Sepp zum Mörder gmacht hat 31

Turandot
oder
Wia a chinesische Prinzessin à la tatar kloakriagt
wordn is................................ 45

Der Fliagade Holländer
oder
Wia de Zenze von Leoni durch ihran Opfertod an
Seefahrer aus der Verdammnis grett' hat 65

Madam Batterflei
oder
Wia a herzloser Ami a liabs kloans Japaner-Madl
sitzn hat lassn............................ 79

Der Ring des Nibelungen
Das Rheingold
oder
De Gschicht von de goidana Äpfe 83

Die Walküre
oder
Das Heldendrama am Watzmann 99

Siegfried
oder
Der Kampf mit dem Drachenviech 121

Götterdämmerung
oder
Wia zum Schluß ois hi war 143

Don Giovanni auf bayrisch
oder
Der Graf Hallodri von Lenggrias.............. 165

Die Meistersinger von Miesbach
oder
Wia der Oberförster Stolz den Stadtschreiber Beck
ausgstocha hat 193

Salome
oder
Wia der Prophet Jochanaan verratn, versuacht und
köpft worn is............................. 211

Der Freischütz
oder
Wia a Jaager auf net ganz saubere Weis zu seim
Wei kemma is 229

Der Lohengrin von Wolfratshausen
oder
Weil d' Weiber oiwei ois wißn müaßn 243

Rigoletto
oder
Der Graf von Dachau 261

Der Bajazzo
oder
Der Jaager vom Spitzingsee 285

Tannhäuser
oder
De Venus in der Kampenwand 307

Aida
oder
Das Liebesdrama am Nil
nach'm Verdi Sepp

Bevor i ofang mit der Gschicht,
möcht i no kurz was wissen lassn:
Bei an bayerischen Gedicht
muaß Sprach und Handlung z'sammapassn.
Ob Prinzessin oder König,
ganz wurscht, um was und wen es geht,
ob mit vui Macht oder z'wenig,
es werd alloa nur Bayrisch gred't
und deftig mitanand verfahrn,
wenns sei muaß, mit an kloana Biss,
gradaus zua und ohne Schmarrn,
wias hoit in Bayern üblich is.

Erster Akt

Das Volk der Äthiopier
hat ab und zua an Rappe ghabt
und frecherweis mit seinem Heer
Ägyptn a Stück Land weggschnappt.

Es war der Drang, sich auszudehna
mit roher Gwoit und über Nacht
dem Nachbarn ein Stück Land zu nehma,
um zu mehrn die eigne Macht.

D'Ägypter warn durchaus net bläd,
habn zruckghaut, dass nur grad so staubt,
und nachtlings, eh der Mond aufgeht,
dem Feind die Königstochter graubt.

Die Tochter König Amonasros
– ihr Nama is Aida gwen –
führt seitdem in Gefangenschaft
ein seltn bittres Sklavnlebn.
Als Gefangene Ägyptens
erleidet sie ein hartes Los:
Sie wird Amneris' Dienerin,
der Tochter König Pharaos.

Ois es wieder amoi passierte,
dass König Amonasros' Heer
in Ägyptn einmaschierte,
ärgert Pharao sich sehr.

Und er schreit in wuidm Zorn:
»Auf gehts, Leut, es muaß was gschehng!
Nix wia Ärger hint und vorn,
de Brüader dean ja grad was mögn!«

Ausdrück foin wia »Bande, gscherte,
ham nix wia Raub und Kriag im Hirn!«

Und mit rünstiger Gebärde
habns' nach Bluat und Rache gschrian.
»Mir lassn uns des nimmer bietn,
de Hammeln wern sofort vertriebn!«
So hat ma se fürn Kriag entschiedn
und kampfbereit in d'Händ neigschpiebn.

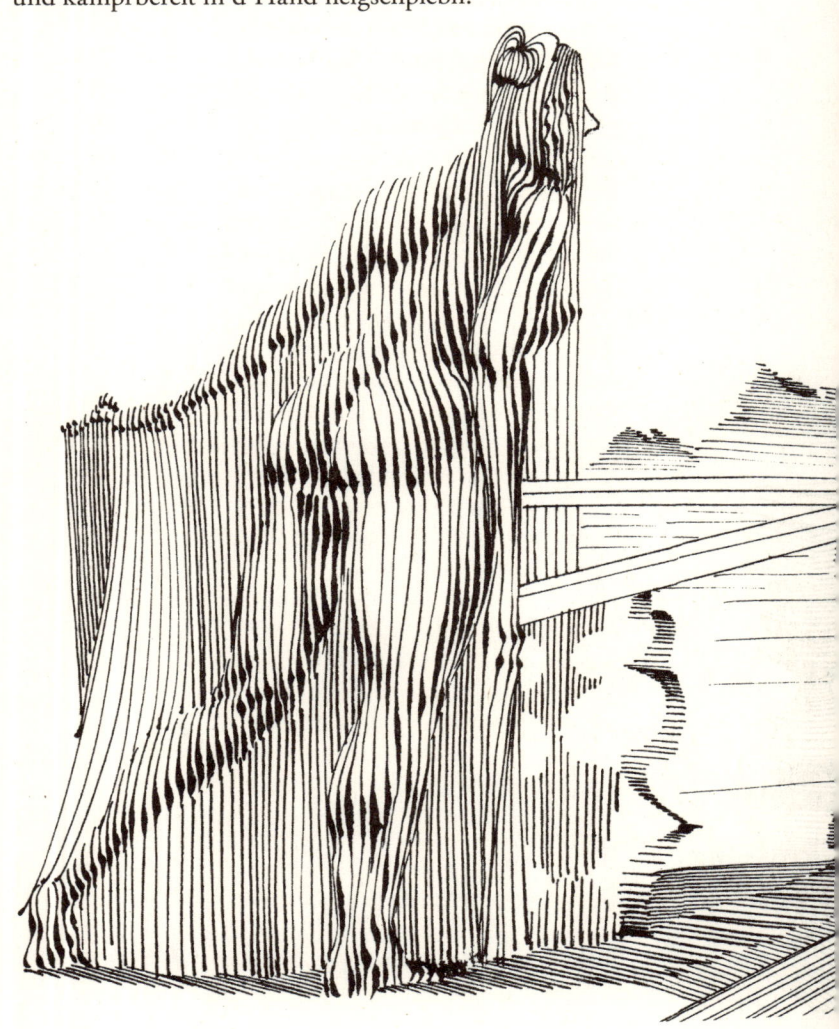

Tags drauf hat Oberpriester Ramphis
dem Hauptmann Radames erklärt
– und was der sagt, bestimmt koa Krampf is –,
dass boid zum Feldzug kemma werd.
Er hätt de Göttin Isis gfragt
– und was de moant, waar nia verkehrt –,
es steht scho fest, hat sie eahm gsagt,
wer in dem Kampf der Feldherr werd.
An Radames gibts glei an Riss:
»Aida, o du holde Maid!«
Ob er wei dieser Feldherr is?
Er is zum Kampf für sie bereit.

Er hat se nämlich sofort denkt:
Wenn i ois Feldherr Sieger bin,
dann kriagt d'Aida d'Freiheit geschenkt.
Und dann is alles für mi drin.

Er liabt d'Aida voi Verlanga
vom allererstn Anfang o,
er braucht um sie auf koan Foi banga,
denn sie liabt eahm genau a so.

Dass sie a Äthiopierin war,
des schmälert net sein Liebesdurscht,
wenn zwoa sich gern habn, hats koa Gfahr,
da is doch alles andre wurscht.

Des Liadl, des er gsunga hat,
war voller Liebesseligkeit,
verzückt im allerhöchstn Grad,
erregt es jedn Dichters Neid:
»Celeste Aida, forma divina ...«,
so fangts auf Italienisch o.
Auf Bayrisch laag ja aa vui drinna,
da gang des Liadl ebba so:

Holde Aida,
i sags oiwei wieda,
du bist meine Wonna,
mei Glück und mei Sonna!
Du machst mi so froh!
Holari, holaro.

Holde Aida,
des waar mir fei zwida,
wenn du mi verlassast,
weil dir was ned passad,
für was i nix ko!
Holari, holaro.

Holde Aida,
mir zittern de Glieda.
Dei Liab macht mi bizzlad,
i bin scho ganz hitzad,
i brenn liachterloh!
Holari, holaro.

Holde Aida!
Morgn früah komm i wieda!
Grad schee is bei dir.
Lass offa de Tür,
dass i einigeh ko.
Holeri, holaro.

Wia des Liabslied war vorbei,
wars grad für a Versammlung Zeit,
scho kimmt a Schar von Manner rei,
lauter hoch gestellte Leut:
Voro der König Pharao
und dann der Oberpriester Ramphis,
der is bei jeder Sach vorn dro,
damit von Anfang o a Dampf is.
So quasi außerdienstlich mit dabei:
Amneris, hinter ihr Aida.
A wengerl Weiblichkeit möcht sei,
doch schaung de zwoa a bisserl zwida.

Dann komma no a paar Minister,
zum Schluss a Bote mit an Briaf,
und mit lauter Stimme liest er:
»Der Kampf an unsrer Grenz geht schiaf!
Die Äthiopier marschiern,
haun alles z'samm, was geht und steht.
Es muaß sofort no was passiern,
damit 'as Land net untergeht.«

De Leut im Saal san höchst betroffn.
Ägyptens Heil steht auf dem Spui,
doch auf den König sie noch hoffn,
dass er glei machtig zruckhaun wui.

Und feierlich sagt Pharao,
die Göttin Isis hätt bestimmt,
dass Radames, der tapfre Mo,
die Feldherrnwürde übernimmt.

Der Radames kriagt glei a Schwert,
des Ramphis feierlich hat gweiht,
er moant, des waar gwiss net verkehrt,
außerdem gfoit des de Leut.

Radames war tief gerührt,
weil Göttin Isis ihm vertraut,
dass er die Äthiopier
mit starker Hand zum Deife haut.

Alle Leut, de da gwen san,
warn über diesen Ausgang froh,
nur d'Aida muaß was habn,
des siehgt ma ihr ganz deutlich o.
Der Radames, den sie doch liebt,
soi ihres Vaters Todfeind werdn.
Weil des a furchtbars Unglück gibt,
daat sie jetzt glei am liabern sterbn.

Der Radames ziahgt naus ins Feld
und führt den Kampf mit Mut und List.
Ois hohes Viech werd er ein Held,
wia des im Kriag so üblich ist.

A hoaße Liab empfindt Amneris
zu eahm, dem Sieger in der Schlacht,
wenns bis zur Stund aa no net mehr is –

›Es haut scho hi!‹, hat sie gedacht.
Und doch findt sie koa rechte Ruah.
Aida schaugt so seltsam drei'.
Was denkt sie, was bewegt sie nur?
Es muaß was ganz was Bsunders sei.

Hats was zum doa mit Radames?
Sie kommt von der Idee net los,
scho der Gedanke stimmt sie bös,
und ihre Angst werd riesngroß.

Bevor ma liest, wias weitergeht,
warum d'Amneris macht des Geschiss,
erfahr ma no, wias um sie steht,
dass besser zum begreifa is.

Ma konn woi sagn, dass bei Amneris,
wenn ma's ganz genau betracht,
mi'n Charakter net weit her is,
denn sie strebt brutal nach Macht.
Ois Adlige hat sie a Wesn,
selbstbewusst und arrogant,
ois Mensch is sie a wüaster Besn,
der an jedn nervn kannt.

Wias' merkt, dass net dahinterkimmt,
was Radames und de Aida
für a Gheimnis mitanand verbindt,
werd sie glei stinknervös und zwida.

Amneris sinnt auf eine List.
Sie sagt zu ihrer Dienerin:
»Obwoi du net betroffn bist,
soist wissen, dass i traurig bin.
Im Grunde gehts di ja nix o.
Mei Vadda, der erzählt mir grad,
dass Radames, der tapfre Mo,

den Heldentod erlittn hat.«
D'Amneris schaut gar traurig drei'
sie spuit de Roin ganz meisterlich,
a so a raffiniertes Wei
hat seine ausgekochtn Schlich.

D'Aida duat an grellen Schroa.
»Amneris, sag, es is net wahr!
Radames ... Beweis gibt's koa?
Er war vielleicht nur in a Gfahr.«
D'Amneris fahrt glei giftig hoch.
»Jetzt woaß i, wer mei Todfeind is!
Du Luada liabst'n oiso doch ...
Ohne Hoffnung, des is gwiss.
Ausgrechnet du, du dumme Kuah!
An größan Hochmuat konns net gebn!
I hob di og'logn, gib i zua –
Radames is no am Lebn!
Was jetzt mit dir gschiacht, siehgst scho no.
I woaß jetzt, was i hab zum doa.
Du lasst de Finger von dem Mo,
denn er ghört mir, mir ganz alloa!
Und wennst des net begreifa duast,
du unverschämte, freche Matz,
dann werst dalebn, was i dir huast,
sei sicher, nacha ghörst der Katz.«

Jetzt platzt Aida aa der Kragn.
»Amneris, lass dei doikads Gred!
I lass ma doch von dir net sagn,
wen i liabn derf und wen net!
Du hinterfotzigs, lüagads Wei!
Du bist koa Frau für so an Mo.
Der Radames werd nia der dei,
und gehst'n no so odraaht o!«

Amneris' Nervn san dahi.
Sie spürt: Aida is ihr überlegn.
So spuits' ihr Macht aus gega sie.
Des konn ma überdeutle sehng.

Zwoa Weiberleut wenn z'sammarucka,
und gehts dabei gar um an Mo,
gibts allerhand zum aweschlucka,
da wunderst di nur grad a so.

Amneris' Blick is nur no Gift.
Sie zittert vor verhoitner Wuat;
wenn jemand ihran Hochmut trifft,
dann is sie nur no kochads Bluat.
»Du Hex, du schiache, lebst im Wahn,
dass Radames auf di hat Lust,
doch geht mit euch gar nia was z'samm,
wennsd' net so bläd waarst, hättst des gwusst.
Der höchste Feldherr der Ägypter
soi z'samngeh mit a Sklavendirn!
Radames ois dei Geliebter –
dass i net lach, du hast koa Hirn!«

Amneris spürt, wia ihre Macht
de Gegnerin empfindlich trifft,
und deswegn spritzt sie mit Bedacht
as Letzte, was sie hat an Gift.

»Dei Lebn is ganz in meiner Hand,
was mit dir gschiacht, bestimm nur i,
und wenn i mechat, was i kannt,
gangs auf der Stell mit dir dahi.
Aber naa, i bin scho gspannt,
wiast du woi schaugn werst, wenn er kimmt
und feierlich aus meiner Hand
den Siegespreis entgegennimmt!

Da konn er di ganz deutlich sehng,
wia du ihm unterwürfig bist.
Wenn er di wahrnimmt im Gedräng,
was freile net ganz sicher ist.
Du bist für ihn net intressant,
du magst für ihn a Hure sei,
a Sklavin bist aus Feindeshand,
doch i wui ham, du bist dabei.«

Aida woaß, was des bedeit,
d'Amneris hats ja deutlich gsagt.
Mit so a Hinterfotzigkeit
geht jetzt zu End der erste Akt.

Zweiter Akt

De hoiwad Stadt is auf de Füaß,
oisam rennas' zum Empfang,
oide Leut und junges Gmüas
drucka an der Straß entlang.
»Der Kriag ist gewunna, freuts euch, Leit!
Schläg habns' kriagt, de Erzschlawiner.
Es war ja aa de höchste Zeit
für die Prügl, de s' verdiena.«

Jetzt kimmt der Zug zum Stadttor rei,
des ganze Volk is hingerissn,
erhebt sogleich ein Siegsgeschrei,
de Gfangena, de schaung verbissn.

Zuerst kommt König Pharao,
der Hohe Rat und de Minister,
dann Ramphis, der gestrenge Mo,
und an de hundertzwanzig Priester.
A goidner Thron steht scho bereit,
der König hockt se würdig nieder,
Amneris an der linkn Seit,
im Staub dahinter de Aida.

Was dann kommt, is schwer zu beschreibn.
Ma konn des kaam in Worte fassn,
net oana konn da ruhig bleibn,
wenns' an Triumphmarsch außalassn.

Den spuins' auf suibane Fanfarn,
de mehr ois zwoamoi san so lang,
ois gwöhnliche Trompetn waarn,
was für a zauberischer Klang!

Der Triumphmarsch, muaß ma wissn,
werd z'erst in As–Dur intoniert

und d'Leut san da scho mitgerissn,
was aber glabst, was dann passiert? –
Er steigert se auf H–Dur nauf,
macht oide Knacker wieder jung,
weckt jedn faadn Bruader auf,
bringt Lätschnbene gaach in Schwung,
macht Müade frisch und Schlappschwänz fit
und sogar wieder gsund.
Er reißt den letztn Lahmarsch mit.
Der Verdi-Sepp war scho a Hund!

De Krieger defilieren stramm,
froh, dass de Gaude überlebn.
Der König dankt no alle z'samm,
Ordn hat's no koane gebn.

Dann kommt in seiner ganzn Größ,
ein Baldachin hebt ihn hervor,
der Held und Sieger Radames
durch das geschmückte Eingangstor.
Der König lobt ihn für de Tat,
dass er den Feind vernichtet
und 's Vaterland gerettet hat,
er waar ihm sehr zu Dank verpflichtet.

Amneris gibt ein Liebespfand.
»Ich habe stets an dich geglaubt!«
Sie nimmt an Lorbeerkranz in d'Hand
und setzt des Greazeig eahm aufs Haupt.

Der König sagt, es waar eahm recht
– was fällig is, woaß er genau –,
wenn Radames d'Prinzessin möcht,
dann soi er s' nehma ois sei Frau.
Des waar insofern aa net schlecht,
soit er, der König, amoi sterbn,

hätt Radames des guate Recht,
der Herrscher von Ägypten z'werdn.

Zur Tilgung seiner Dankesschuid
gibt der König no was drei'.
»Du kriagst an Wunsch von mir erfuit.
Sags nur frei raus! Was sois denn sei?«

Der Feldherr hat zur Antwort gebn,
er sage einen Wunsch sehr gern,
doch waars eahm doch recht angenehm,
wenn z'erst d'Gfangenen vorgführt wern.

Der Wunsch werd eahm sofort gewährt,
so wias der Radames hoit möcht,
de Priester schaung a wenig verstört,
eahna gfoid de Gschicht net recht.

Aidas Vater Amonasro
is bei de Gefangenen dabei.
Ma sieght eahm des glei an der Rass o,
sei Stammbaum muaß sehr urig sei.

Der Amonasro hat glei gspannt,
dass seine Lag is gar net schlecht,
er bleibt ois König unerkannt,
und des is eahm natürlich recht.
Er gibt se aus ois Offizier,
ois der er einen Durscht hat ghabt,
nach dem Genuss von zwoa Maß Bier,
da hättnen de Ägypter gschnappt.

Forscher habn ja längst scho gfundn,
dass des allererste Bier
braut is wordn ganz weit da untn
und net bei uns in Bayern hier.

D'Aida, wias' ihrn Vadda sieght,
schreit auf: »O mei, i kannt glei woana!«
Er drauf: »Deandl, hoit di bittschön z'rück.
Von dene Deppn kennt mi koana.
Verrat mi net, sie soins net wissn,
dass i der Amonasro bin,
sie habn se nia net nach mir grissn.
Es is no alles für uns drin!«

Nomoi fragt der Pharao:
»Radames, was wünschst du dir?
Sags frei raus, du bist jetzt dro,
was sois denn sei, kriagst ois von mir!«

»Na guat, es soi was Bsonders sei.
Ich sag, was i von dir gern mecht,
i bitt di, lass die Gfangnen frei!
I hoff, der Wunsch is dir so recht.
Sei gnädig und lass oisam laffa!«
Der König moant, er daat scho mögn,
er konn se damit Ehr verschaffa.
De Priester aber san dagegn.

Es schimpft der Oberpriester Ramphis:
»Z'erst nimmt mas' gfanga, de Schlawiner,
was praktisch doch der größte Krampf is,
wenns' net de Straf kriang, de s' verdiena.
Was da im Sinn habts, is a Schmarrn,
jetzt lassts es oisam wieder frei!
D'Leit hoitn uns für große Narrn,
was Blöders foit euch woi net ei!«

Des Hin und Her werd eahna zwida.
Nachdem hat neamad nachgebn woin,
hoaßts, dass Amonasro und Aida
alloa in Gfangenschaft verbleibn soin.

Ma moant, jetzt waar koa Unfried mehr,
nachdem de Gfangenen san frei,
doch wars no net vier Monat her,
da beginnt der Kriag aufs Neu.

Es hat net bloß oa Seitn gebn,
de meistns ogfangt hat mi'n Kriag,
d'Ägypter san genau so gwen,
bittschön, dass i ja net lüag!

Dritter Akt

Das Volk der Äthiopier
foit wieder in Ägypten ei.
Man rüstet sich zur Gegenwehr.
Der Radames wird Feldherr sei.

Was dann passiert in unsrer Gschicht,
des führt a rasches End herbei.
Wer nach zwoa Seitn is verpflicht,
geht diamoi leicht zu Grund dabei.

In einer hellen Nacht am Nil
foit die Entscheidung bitter hart.
Amneris glabt se scho am Ziel,
sie hat auf den Geliebtn gwart.

Der Wind streicht durch den Palmenhain,
Friede liegt im weitn Land.
Das Wasser leuchtet silbern rein.
Ein Tempel steht am Uferrand.

Aida naht sehr andachtsvoi,
ängstlich denkt sie an die Nacht:
Was bringt sie, was zerschlagt sie woi? –
Kein Schimmer der Erwartung lacht.

Ihr Vater folgt staad hinterher
und versteckt se in der Näh.
Aida hat koa Hoffnung mehr,
es konn koa Glück mehr z'sammageh.
Amneris werd ja ois zerstörn
und alles boshaft hintertreibn,
denn sie wui Radames gehörn,
Aida soll a Sklavin bleibn.

Als Radames, den sie so liebt,
vor ihr steht, klagt sie ihm ihr Leid,
und weil es hoit koan Ausweg gibt,
fragt sie, ob er zur Flucht bereit.
»Nur so, geliebter Radames,
führt di a Weg zurück zu mir.
Es gibt koan andern, glaab ma des!
De Götter moanas guat mit dir!«

Der Radames, der zögert lang,
denn de Entscheidung foit eahm schwer,
vor den Folgen is eahm bang,
Aida aber fleht noch mehr.

Mit letzter Müah und langer Red
tritt sie eahm schließlich zwingend nah,
bis er sie endlich recht versteht,
gibt er ihr sein gewagtes »Ja!«.
Nachdem er auf de Flucht eingeht,
will sie noch wissen unbedingt,
wo jetzt das Heer Ägyptens steht,
damit de Flucht bestimmt gelingt.

Radames sagt auch noch dies.
Die Liebe spricht, nicht der Verstand,
und der sich so erweichen ließ,
verrät sein eignes Vaterland!

Und damit, meine liabn Leut,
gibts in der Gschicht an bittern Krach,
das schlimme End is nimmer weit,
was gschehng is, rächt se hundertfach.

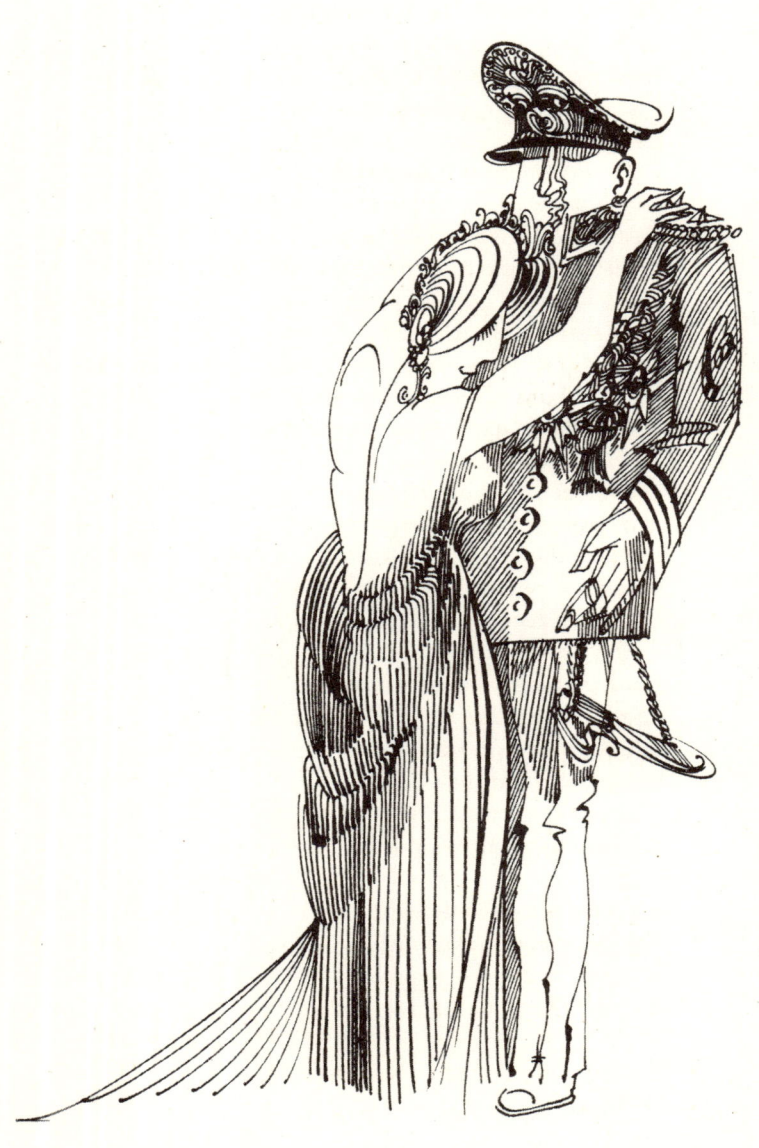

Vierter Akt

Amonasro springt aus dem Versteck,
an Radames gibts glei an Riss,
wia eahm der Mo ganz höhnisch steckt,
dass er der Amonasro is.

Und aa Amneris war zugegn,
wia Radames das Land verrat,
a Grund, sich narrisch aufzuregn,
weil sie des nia erwartet hat.

Doch Amonasro packts' am Kragn,
mecht ihr as Messer einerenna.
»De werd uns gfährlich!«, woit er sagn,
doch is dazua dann doch net kemma.
Radames foit eahm in d'Arm.
»I wui net, dass sie wird erstocha,
net, dass i mi für sie erbarm.
I steh zu dem, was i verbrocha!«

Da moant Amneris auf oan Schlag,
in ihrm enttäuschtn Herzen drin,
dass Radames sie doch weng mag,
selbst kloanste Hoffnung hätt an Sinn.
Doch wia er sagt, dass des net stimmt,
erfasst sie nomoi gaacher Zorn,
sie schreit'n o, zuhöchst ergrimmt,
sie waar verschmäht und ausgricht worn.

»Warum wuist grad d'Aida habn?
Des Sklavenweib is nix für di!
A elends Luder, net zum sagn,
sie macht se schamlos an di hi!«

Nachdem sie abgladn hat ihrn Frust,
ist ihr um vieles leichter gwen,

sie hat an Radames mit Lust
der Richterschaft zum Urteil gebn.

Der Amonasro und d'Aida,
de san verschwundn in der Nacht,
der Amonasro kimmt net wieder,
mir sehng no, was d'Aida macht.

Da kimmt der Ramphis scho daher.
Er hat se informiert indessen,
das Urteil intressiert ihn sehr,
für eahm war des des höchste Fressn.

Auf Hochverrat steht nur der Tod.
Jedoch – ma traut se's fast net sagn –
de eigentliche große Not
is de: dass er lebendig werd begrabn.

In eine finstre Felsenkammer,
in tiefste Einsamkeit der Nacht
– oh welch ein schreckensvoller Jammer –
hat man den Radames gebracht.

Ohne Hoffnung, ohne Worte
tröstender Barmherzigkeit
geht er durch die Schreckenspforte
ein in der Götter Ewigkeit.

Aida, wo wird sie jetzt sein?
Er wird sie niemals wiedersehn.
O welche schreckensvolle Pein!
Da sieht er sie ganz plötzlich stehn!
Von Treu bis in den Tod bestärkt,
ist sie mit letztem Mut entwichen
und von oisam unbemerkt
hinter ihm ins Grab geschlichen.

»O Radames, Geliebter mein,
ich will hier bleiben bis zum End.
Immer, ewig bin ich dein,
mein Herz in heißer Liebe brennt!«

Doch Radames redt ihr entgegn,
er will ihrn Opfertod net habn,
sie soll bewahrn ihr junges Lebn
und net lebendig werdn begrabn.

Verzweifelt versucht Radames,
den Stoa zu heben hin zum Licht.
Er is zu mächtig in der Größ:
Vergebens, es gelingt ihm nicht.

So singen sie das Lied der Liebe,
von Treue hin bis in den Tod,
o, wenn doch alles ewig bliebe,
doch es erblasst wie Morgenrot.

Da ergreift ihn das Erbarmen.
»O Holde, bitte, geh nicht fort!«
Sie wankt und stirbt in seinen Armen
und flüstert leis das Abschiedswort:
»Leb wohl, o Erde, Tal der Tränen …
Ich wusste, dass ich dich verlier!«
Bei selig zarten Geigenklängen
schwebt sie durch die Himmelstür.

Nachwort

Wenn die Gschicht net in Ägypten,
sondern in dem viel geliebten
Bayernlandl waar passiert,
hätt ma a Tafl reich verziert,
aus dunkelrotem Jaspis gschlagn,
ma derf dazu a Marterl sagn,
und aufgschriebn in schöner Schrift,
wias oft im Lebn so zammatrifft.

Hier starb der Feldherr Radames
und neben ihm Aida.
Sie ham sich heiß geliebt, indes –
ihr Schicksal war recht zwida.
O Wandrer, eh du weitergehst,
soist du a Gsatzl betn,
denn des is immer guat, verstehst,
für sie und für an jedn.

Carmen
oder
Wia d'Liab an Sepp zum Mörder gmacht hat
Frei nach der Oper von Georges Bizet

De Carmen und der Sepp

Wia weits a Mannsbuid bringt, des wo
sich einfach net behrrschn ko
und in a Madl sich verschaugt,
obwoi ma woaß, dass de nix taugt,
weils' wechsln duat boid jedn Tag,
heut den und morgn an andern mag –
Leut, lassts euch sagn, wohi des führt,
wenn oaner sein Verstand verliert,
bloß weil a so a dumme Goaß
zum Zeitvertreib nix anders woaß,
ois Manner scheene Augn hidrahn,
dass boizn wia a Auerhahn.
Und wenn de Eifersucht erst brennt,
nimmt mancher Foi a unguats End.
Und wenn a Messer liegt bereit,
mit dem ma sonst an Kaas roschneidt,
werd des dann völlig zweckentfremdt
de Gschicht mit einem Mord beendt.

Passiert is des weit weg von do
in Spanien drunt irgndwo.
Er war ein sauberner Soidat,
Serschant und dienstlich schwaar auf Draht,
und ghoaßn hat er Don Jose,
auf Bayrisch konn ma des versteh
ois Josef, und drum hoaß' ma'n hoit
jetzt Sepp, weil des uns leichter foit.

Sie war die Todsünd in Person,
mit Lippn röter ois der Mohn.
Und Augen hats' ghabt, so feurig scho;
wenn de bloß ogschaut hat an Mo
und wenns' bloß gwacklt hat a Weil
– ganz wurscht, mit welchm Körperteil –,
na is der Mo stocknarrisch worn

und hat ihr heiße Liebe gschworn.
Doch sie hat auf nix Ernstes zuit,
hat immer nur mitn Feuer gspuit,
hat jedn Tag an andern mögn,
wohi des führt, des werds jetzt sehng.

Erster Akt
Wia der Sepp 's Brenna ogfangt hat

Der Anfang von der Gschicht geht so,
dass unser Sepp – ois braver Mo –,
wia er grad vo der Wach herkimmt,
scho durchaus koa Notiz net nimmt
von der Carmen, de vorm Haus,
wos' garbat hat, macht Mittagspaus.
Dort gibts de Leut ringsum bekannt,
dass d'Liab vo de Zigeuner stammt.

Sie selbn war aa Zigeunerin
mit Pfeffer in de Haxn drin.
Und alle Männer voi Begier
haben batzlaugat gschaugt nach ihr.
»Nur grad der Sepp«, denkt sie, »der Schuft,
duat so, ois waar i für eahm Luft!«
Und scheene Frauen – i muaß' sagn –
de könna so was net vertragn.
»Den kriag i«, denkt sie, »waar do glacht!«,
und wirft an Seppei mit Bedacht
ins Gsicht eahm nei mit Grazie
de Blüte der Akazie.

Wia sich der Sepp des Bleame schnappt,
da hats'n scho derbröslt ghabt.
Oa Blick vo ihr – und scho war's gschehng,
der Sepp hat nix mehr anders gsehng
ois wia des Wei, des vor eahm steht.
»De muaß i habn, ganz wurscht, wia's geht!«
Und von der Stund o hat er brennt
vor Liab und nix mehr anders kennt:
koan Dienst, koa Pflicht und gar nix mehr,
koa Ordnung, koa Soidatn-Ehr.

Zweiter Akt
Wohi de Eifersucht führt

Beim Weinwirt Lillas Pastia,
do war de Carmen öfters da.
Hat tanzt und mit ihrn Hintern gwacklt,
dazua mit Kastagnetten gschnacklt,
hat kichert und hat d'Männer tratzt,
dass eahna d'Augn hat außabatzt.

's war übrigns a Schmugglernest
mit lauter so verwegne Gäst.

Und an an Abnd bei Mondnschei
kimmt aa der Sepp ins Wirtshaus nei.
De Schmuggler warn scho alle fort,
nur d'Carmen sitzt am Tisch no dort.
Sie hat scho denkt, dass er auf d'Nacht
zu ihr kimmt und sich Hoffnung macht.
Und dass'n packt glei gaache Hitz,
is aufagrumpet vo ihrm Sitz
und hupft an wuidn Tanz eahm für.
Der Sepp, der schaugt scho wia a Stier
und denkt se scho im Himmereich
– da blasns' laut zum Zapfnstreich!

Der Sepp sagt: »Madl, i muaß geh,
und duat ma 's Herz aa no so weh.
I muaß jetzt z'ruck in mei Kasern,
um zehne deans' as Türl zuasperrn.«

De Carmen werd glei bitterbäs:
»Du bleibst jetzt da, was waar denn des!
I hab mi extra für di gricht!
Steh i net höher ois die Pflicht?«

Der Sepp, der windt se wia a Wurm.
Scho wieder blasns' hoch vom Turm,
und dann im nächstn Augnblick
passiert a furchtbars Missgeschick.
Die Tür geht auf – und wer steht do?
Der Sepp, der schaugt'n kaasweiß o:
der Leutnant von der Kompanie!
Der fäit no, jetzt is alles hi!

Der Leutnant plärrt an Sepp glei o:
»Schaug, dassd' di schnellstns druckst von do!
Hast du net ghört, dass' blasn habn?
Verschwind sofort und reiß de z'samm!«
Und dann verschlingt er mit de Augn
de Carmen. – »Hä, des daat dir taugn!«,
schreit do der Sepp im gaachn Zorn.
»Bei dera hast du nix verlorn!
I siech scho, was di hertreibt do,
des Madl geht di gar nix o!
Da bleibt er sauber dir, dei Schnabe!«
– Und scho ziahngs' alle zwoa an Sabe
und gehnga aufeinander los.
Und d'Carmen schreit: »Was dua i bloß?
Der oa sticht auf den andern ei,
so bläd ko bloß a Mannsbuid sei!«

Da kemma d'Schmuggler auf des Gschroa
und reißns' ausanand, de zwoa.
An Leutnant sperrns' in Dunklhaft,
da liegt er drin im eigna Saft.

Der Sepp sagt: »Was soi aus mir wern?
I ko net zruck in mei Kasern
nach dem, was jetza is passiert,
mei Existenz is ruiniert!«

Da sagn de Schmuggler: »Sei net faad,
mir gebn dir einen guatn Rat:
Werst aa a Schmuggler, bleibst glei do,
werst sehng, bei uns, do gfoits dir scho.
In unsrer Gmoa gehts zünftig zua,
zum Saufa habn mia do grad gnua,
und der Verdienst is aa net schlecht!«
Der Sepp sagt: »Oiso, mir is' recht!«

Da ko man sehng, wia schnell a Mo
vom rechtn Weg abkemma ko,
wenn er verehrt mit vui z'vui G'fui
ein Weibsbuid, des eahm gar nix wui.

Dritter Akt
Und scho hats wieder an andern narrisch gmacht

Drunt in Sevillja habn de Leut
am Stierkampf hoit de höchste Freud.
Und begeistert schaugns' den Stil o
vom Torero Escamilljo.
Wia der da vor dem Stier rumhupft
und wiara 's rote Tüachl lupft
und wiara dann auf d'Seitn springt!
Und wiara aa sei Liadl singt!

    Auf in den Kampf,
    los geht's mit Dampf!
    Was wui denn der Stier
    vo mir!

    Wenn er nur kaam,
    i steh wia a Baam,
    jetzt rennt er dahi
    auf mi!

    Siegesbewusst,
    stoiz in der Brust,
    i gib glei dem Viech
    an Stich.

    Schaugts oisam her!
    's muckt nimmermehr,
    liegt da steif und stumm,
    des Trumm.

A Kerl mit ara soichan Brust,
der hat natürlich laufnd Glust
nach scheene Fraun, des werds versteh,
da könna net gnua herageh.

Was Wunder, dass nach kurzer Zeit
er aa de Carmen hat derbleit.
Er steht auf sie, und wiara hört,
dass' bei de Schmuggler oft verkehrt,
da macht er se ganz unerschrocka
mit einem Brunftschroa auf de Socka.

Doch wiara zu de Schmuggler kimmt,
do steht der Sepp scho da und nimmt
sei Messer raus und schrei'n o:
»De Carmen geht di gar nix o!
Wennst di verdruckst, is für di besser!«
Da ziahgt der ander aa sei Messer
und wui an Sepp pfeigrad derstecha –
da brichts eahm ob, des Glump, des blecha.

Und d'Schmuggler kemman aa glei grennt,
de warn des Messerstecha gewöhnt.
Der Escamilljo schaugt se um,
da stehna zwanzge um eahm rum.
Für eahm war do a dicke Luft,
drum hat er se ganz schnell verduft',
nachdem er d'Leut noch eingladn hat
zum Stierkampf morgn, drin in der Stadt.
Und wiara weit gnua wega war,
– de Stern habn gleucht, de Nacht war klar –
da pumpt er frische Luft in d'Lunga
und hat er fesch sei Liadl gsunga:

Auf in den Kampf,
los geht's mit Dampf!
Was wui denn der Stier
von mir!

De Carmen hat in d'Nacht neiglauscht
und sich an seiner Stimm berauscht!

Der Escamilljo hat ihr gfoin
– von unserm Sepp hats' nix mehr woin.

So geht des Gspui auf dera Wäit,
wenn oaner so an Weib verfoit,
wo zwar a scheene Larvn hat
und gwachsn is so kerzngrad
ois wia a Tannabaam im Woid,
doch mit an Herz, heut hoaß, morgn koid,
und d'Männer hoit für lauter Narrn!
Wohi des führt, werds glei erfahrn.

Vierter Akt
Und jetzt kimmt des grauslige End

Vor dem Tore der Arena
stehn a Haufa Fraun und Männer
in der besten Sonntagskluft,
schrein und fuchtln in der Luft.

Escamilljo, der Torero,
kimmt mit seine Leut dahero,
schmeißt se stoiz in seine Brust,
kampfesmutig, siegbewusst.

Alles gackert, plärrt und singt,
und der Escamilljo winkt.
D'Leut san narrisch, gebn koa Ruah,
und de Muse spuit dazua.

»Es lebe der Escamilljo, der
Pratzn hat ois wia a Bär!
Heut werd er den Sieg erringa
und den foestn Stier bezwinga,
weil a Auge eahm bewacht
und de süaße Lieb eahm lacht!«

Da schwanzlts' scho pfeigrad daher
glei hinterm Escamilljo, der
soeben, stoiz ois wia a Pfau,
scho eineganga is in Bau.
Bevor sie ko eahm nachegeh,
bleibt da a Mannsbuid vor ihr steh
und pflanzt se auf ois wia a Baam
und schreit: »Duast grad, ois kennst mi kaam!«
Der Sepp is, der mit letzter Kraft
und einer wuidn Leidnschaft
verlangt von ihr, dass bei eahm bleibt
und sich net umanander treibt

mit so an Gloiffe, so an blädn,
und überhaupt scho boid mit jedn,
der ihr an Hof macht: »Carmen, schau,
kimm zruck zu mir und wer' mei Frau!
Wennst du mi liabn daatst ohne Flausn,
dann kannt ma guat mitnander hausn.
De Existenz, des waar des Minder,
i gaang in d'Arwad, du kriagst Kinder;
gar niamois daat i di verlassn
und in der Liab net außegrasn.
Carmen, schau, du bist mei Ois,
geh, reiß de z'samm, kimm an mein Hois!«
Da lacht sie auf und duat an Schroa.
An Sepp geht des durch Mark und Boa.
»Mach Schluss mit deiner scheena Predigt!
Du bist für mi scho längst erledigt!
I hab an andern, dassd' as woaßt,
da hast dein Ring – woaßt, was des hoaßt?
Dass jetzad aus is mit uns zwoa!
Verschwind und lass mi jetzt alloa!
I muaß zum Stierkampf – höchste Zeit!«
– Da woaß der Sepp, jetzt is' so weit.
Er kennt se kaam mehr voller Wuat,
woaß plötzlich nimmer, was er duat,
sei Hand fahrt hoch, a lauter Schroa
– und scho passiert's, neamd ko was doa:
Sei Messer fahrt ihr nei ins Herz.
Sie sagt koa Wort mehr, spürt koan Schmerz,
foit gstreckterlängs aufs Pflaster hi
– es gibt koan Stierkampf mehr für sie.

Statt dass sie zu ihrm Sperrsitz geht,
sie plötzlich vor ihrm Herrgott steht,
und des, was irdisch war so sehr,
liegt da und duat koan Zuckrer mehr.
Ihr gelbe Blusn faarbt se rot,
genau so wia des Bleame grad,

des gsteckt hat in de schwarzn Haar.
– doch jetzt is alles nimmer wahr.
De Schënheit is dahi mitn Tod.
Der Sepp steht da in seiner Not.
Und damit is de Gschicht scho gar,
is schad, dass' gar so traurig war.

Nachwort

Wia weits a Mannsbuid bringt, des wo
sich einfach net beherrschn ko
und in a Madl sich verschaugt,
obwoi ma woaß, dass nixn taugt,
weils wechsln duat boid jedn Tag,
heut den und morgen an andern mag –
wohi des führt, des habts jetzt gsehng,
und aa, wia schnell ko so was gschehng.

Wenn ma a Taferl setzn würd
an dera Stell, wo's is passiert,
dann kannt'ma schreibn in scheener Schrift,
dass oft der Tod oan gaachlings trifft.

Sie war ein sündhaft schönes Weib,
hat d'Männer gliabt zum Zeitvertreib.
Sie hat net ghoitn, was versprocha,
drum hat ers' an der Stell dastocha.

Leut, gehts net weiter ohne Betn,
denn jede Säi is zum derrettn.

Turandot
oder
Wia a chinesische Prinzessin
à la tatar kloakriagt wordn is

Frei nach der Oper von Giacomo Puccini

Wenn du in München bist dahoam,
fahrst außen über Berg am Loam
in Richtung Rosenheim am Inn,
lasst linker Hand an Chiemsee liegn,
Freilassing, gradaus weiter dann,
na kimmst nach China – irgendwann.

Erster Akt
Die abgschlagna Köpf

Im Reich der Mitte, weit von hier,
wo ma an Tee trinkt statt a Bier,
wo sich de Leut mit Reis ernährn
und wos' mit Steckerl essn dean,
wos' Nama habn wia Wang Tsching Tu
und Li Tschai Wong und Hup May Fu,
dort hat vor viele hundert Jahr,
wia China Kaiserreich no war,
gelebt Prinzessin Turandot.
Ihr Vater, Kaiser Ming Tsching Hod
war scho recht oid und hätts gern ghabt,
dass sie sich boid a Mannsbuid schnappt.

Er sagt: »Des Wichtigste für mi
ist der Bestand der Dynastie!
Wenn jetzt net boid a Mo auftaucht,
der sich vor dir net ducka braucht
und der dein Starrsinn überwindt,
dann siech i schwarz, mei herzliabs Kind!«

Prinzessin Turandot, de war
für Mannerleut a große Gfahr:
ein Weibsbuid, wias an jedn gfoit,
doch leider wia a Fisch so koid.
Nur der, hats' gsagt, waar auserwählt,
der auf drei Fragen, die sie stellt,
die rechte Antwort hätt parat,
doch hat ers net, is' für eahm fad.
Woaß er koa Lösung auf de Fragn,
werd eahm sofort der Kopf abgschlagn.

Einelassn habns' an jedn,
grennt sans' alle wia de Blädn,

doch no jeder arme Tropf
is außakemma ohne Kopf.

Vor den Toren des Palastes
habn de Leut gsagt: »Schaug, da hast es!«
Denn da habns' an ziemlich langen,
rot gestrichnen Eisenstangen
so, dass d'Zähn habn grauslich bleckt,
de Totnschädl aufegsteckt.

Wenn der Wind hat nachtlings gwaht
und am Platz wars mäuserlstaad,
hat ma's Schnattern ghört und jammern
weit bis in de fernstn Kammern.

A Zeit is' her: A Offizier
is zackig einegstampft zu ihr
und haut de Hackn schneidig z'samm,
dass seine Orden gscheppert habn.
Er hat bestanden manche Schlacht
und sich als Held an Nama gmacht,
hat denkt, des kriag i aa no hi,
des is a kloaner Fisch für mi!
Jedoch beim erstn Rätsel scho
hat er sei Hand an Hois hido,
ois passat eahm 's Krawattl net
– der Henker scho am Hackstock steht.

Der Offizier werd scho nervös:
»Prinessin, bitt schön, sei net bös!
I kimm net z'recht mit mein Studiern,
ois waar a Brettl vor mein Hirn.
I hab no nia a Schlacht verlorn,
bin zu was Höherem geborn!«
»Hast Recht«, sagt drauf de Turandot,

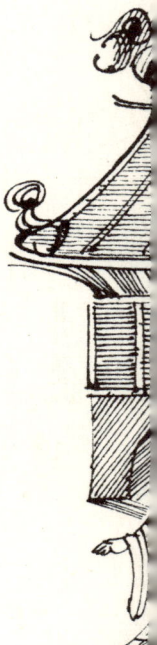

»glei kimmst hoch aufe! Pfüa de Gott!
De Stanga is scho gsetzt für di!«
Sie macht an Wink zum Henker hi,
der packt den guatn Mo am Kragn
und duat'n hi zum Hackstock tragn.

»Erbarmen!«, schreit der Offizier.
»A wengerl wenn i no studier,
dann bring i's raus, verlass di drauf!«
– da foit eahm scho as Hackbeil nauf.
No oamoi schreit er wia a Bär.
Jetzt braucht er koa Krawattl mehr.

Aus Nanking ein Professor gar
hat gmoant, dass er der Besser waar.
Er hat sei ganzes Lebn studiert
und ständig weise Redn gführt.
Und des net bloß auf oan Gebiet.
»Naa«, sagt er, »i nimm alles mit:
Philosophie und Politik,
de Wissnschaft von der Musik,
Astronomie, Juristerei,
de Medizin aa nebnbei,
und in an chemischn Labor,
da macht koa Mensch mir ebbas vor.
Aa die Physik hab i studiert,
und rechnen kann i grad wia gschmiert!«
Es duat nix gebn, was er net woaß,
drum is er auf de Prüfung hoaß.

Nur grad in oan – er gibts net zua –
is er der Dümmste von Natur.
Und des betrifft de Fähigkeit,
normal zu redn mit andre Leut.
Besonders gegenüber Fraun

war er net oaner von de Schlaun.
Doch moant er in seim Größenwahn,
dass er de Fragen lösn kann.
»I schwörs euch beim Konfuzius:
Für mi gibts nia a harte Nuss,
i knack a jede, wia's grad kimmt!«
So is er oiso hochgestimmt
in aller Fruah in d'Sänfte gstiegn,
wenn andere im Bett no liegn,
denn in der Fruha, so hat er gsagt,
is der Verstand noch sehr intakt.
Er schreitet stolz in den Palast.
Eunuchen führn den weisen Gast
sofort hinein zu Turandot;
De werd vor Zorn glei puterrot.
»A soichas Zwetschgnmanndl möcht
de Lösung wissen! Mir is' recht!
Ganz wiasd' as habn wuist, liaber Mo,
da sitz de hi, na fang ma o!«

Er war koa Viertlstund im Haus,
da tragns'n aa scho wieder naus
und setznan in sei Sänftn nei.
»Schaugts net so dumm, was werd denn sei!«,
schimpfa d'Eunuchn auf de Leut,
de steh bleibn zwengs der Bsonderheit.
»Da schaugts'n o, der arme Tropf
sitzt in der Sänftn ohne Kopf!
Man hat ihn ois Genie verehrt,
doch ohne Kopf is er nix wert!
Oa Diener vorn, oa Diener hint –
machts schnell, damit er weiterkimmt!«

Heut früah is oaner nei zu ihr
und gibt sich drin de größte Müah.

A Prinz aus Persien is gwen;
Schaugt aus ois wie des blüahad Lebn
und moant, ois waar er Wunder wer,
ois wüsst er alles und no mehr,
a so a »Hoppla, jetzt kumm i!«
– nach zehn Minutn war er hi.
Nix hat er gwusst, der arme Mo!
Jetzt schaugt er von der Stanga ro.

So gehts jetzt scho ein halbes Jahr,
dass einfach koaner gscheit gnua war,
a Antwort z'wissen auf drei Fragn.
An Kaiser liegt des schwaar im Magn.
Eahm werd des zwider mehr und mehr,
boid bringt er d'Stanga nimmer her.
A sechzge stehna scho beinand.
Wer bloß den Wahn ihr austreibn kannt,
der wo sei Tochter hat verhext
– so schlimm is', dassd verzweifeln möchst –:
A König vom Tatarenland
hat China gstürzt in große Schand,
und weil – vor ewig langer Zeit –
a Ahnin 's allergrößte Leid
erfahrn hat müaßn durch den Mo,
moant d'Turandot, sie waar jetzt dro,
dass' für de Ahnin Rache übt.
Ma möchts nicht glaabn, dass' so was gibt!
An Kaiser hat des gar net gfoin,
jedoch, was hätt er macha soin?

Des ganze Zuaredn is umsunst;
De höchste Überredungskunst
hat bloß no gschürt ihrn Rachewahn,
und wia hoit d'Menschn manchmoi san,
wenn sie sich habn recht dumm verrent,
werdns' eigensinnig und verblendt.

Zweiter Akt
Der Mo is wirkli guat

An Freiern aber hats koa Not.
Der Perserprinz war acht Stund tot,
da möcht scho wieder oaner vor!
Er schlagt den Gong am Eingangster
mit einer Wucht, dass' gscheppert hat
und z'hörn war in der ganzn Stadt.

»I hör drei Schlag, des hoaßt so vui,
dass wieder oaner köpft werdn wui«,
sagt glei d'Prinzessin Turandot.
Sie isst no schnell a Butterbrot
und trinkt a Schaalerl Reiswein drauf,
da macht der Diener d'Tür scho auf.

»De nächste Stanga is scho gsetzt,
der Henker hat sei Beil scho gwetzt!
Hereinspaziert, wer wui's probiern,
sei Herz und dann an Kopf verliern?«,
so ruaft sie laut und amüsiert;
doch dann stehts' wia vom Schlag ogrührt.
No nia hat sie an Freier gsehng,
der wo so schneidig und verwegn,
so ungeniert und ohne Schiss
zu ihrer Tür reinkemma is.
Sie war a wengerl irritiert
und hat auf oamoi deutli gspürt,
dass ihr as Bluat rebellisch werd,
ganz machtig hats' ihrn Herzschlag ghört.
Doch dann reißt se se zamm und moant,
ob net sei Mama um eahm woant,
wenn er jetzt dann sein Kopf verliert.
Doch er sagt drauf ganz ungeniert:
»Schiaß los, Prinzessin, red net lang!
So dumm kannst du mi gar net fragn,

dass i net drauf a Antwort woaß.
Mit Spottn machst du mi net hoaß!«

Wia er des sagt, in dem Moment
kimmt scho der Kaiser einagrennt
und hinter eahm der Hofmarschall,
der Kanzler und a Gerneral,
a sechs, siebn Damen no dazua.
Der ganze Hof is aus der Ruah.
De Schranzn möchtn oisam sehng,
was mit dem arma Kerl werd gschehng,
der eahna so sympathisch is.
Wenn der jetzt aa ois boanans Gfriß
muaß endn auf der Stanga drauß,
dann löscht de letzte Hoffnung aus.

Drei Weise kemma reistolziert,
ihr langer Bart an Bodn berührt.
Uroid san de und steckerldürr,
und jeder hat a Rolln Papier,
auf der de Lösung aufgschriebn is.
Wia's nausgeht, is für de scho gwiss.
Des merkt a jeder ganz genau
an ihram bluatig ernstn Gschau.

Drei Staatsbeamte kemma no,
denn de san überoi vorn dro.
Sie schreibn se Peng und Pong und Pang
und habn am Hof sehr vui zum sagn.
Der mittlere mit Namen Pong
geht hi zum Kaiser mit an Gong.
Der nimmt an Schlegl und haut drauf:
»Seids oisam staad, denn jetzt gehts auf!«

Da is aa scho de größte Ruah,
ois wendt se der Prinzessin zua.
De ziaght a seidans Tücherl raus

und putzt damit ihr Naserl aus.
Dann zupfts' am Gwand und huast a weng,
duat grad aso, ois waars' verlegn.
Sie schaugt dem Fremdn nomoi o
Und denkt se: ›Sauber is er scho!‹

Dann siehgt ma's förmlich, wias' erstarrt,
zum Henker hischaugt, der scho wart,
an Zettl ausm Ausschnitt nimmt.
»De erste Antwort wenn net stimmt,
dann werst scho köpft, mei liaber Mo!
Jetzt pass guat auf, jetzt fang ma o:
Was treibt den Menschn früh am Tag,
so lautet meine erste Frag,
und, wenn der Abend dann verrinnt,
eahm immer wieder nunterschwimmt?«

Der Fremdling kratzt se kurz am Kinn:
»A soiche Frag hat wenig Sinn!
Des kann doch nur die Hoffnung sei!«,
sagt er und schaugt gelangweilt drei'.
»Mit so was kannst mi net verderbn.
Frag weiter, dass ma fertig werdn!«

Der erste Weise, An Tu Fu,
der öffnet sei Papierl im Nu.
»Die Hoffnung!«, sagt er. »Stimmt, hast Recht!
I find, der Mo is gar net schlecht!«

D'Prinzessin Turandot schreit auf:
»Na guat, des nimm i hoit in Kauf.
Doch jetzt bist dro, des sag i dir,
de zwoate Frag errätst du nia!«
Oisam habns' gsehng, wias' schnauft und schluckt,
ois hätts' an Knödl owedruckt.
Ihr Busn bebt wie a Vulkan,
und sie fragt weiter wia im Wahn:

»Was brennt wia Feuer Tag um Tag?
so lautet meine zwoate Frag.
Was fließt dahi wia Lavagluat?«
»Hör auf! Was werd des sei? As Bluat!«,
schreit da der Fremdling zwischnnei.
»Ja foit denn dir nix anders ei?
Allmählich duats ma ehrlich Leid,
dass i vertandl da mei Zeit.
Bei so a kinderleichtn Frag
is gar net wert, dass i mi plag!«

Der zwoate Weise, Li Tai Po,
schaugt überrascht sein Zettl o.
»Es stimmt!«, schreit er. »Da stehts: as Bluat!
I find, der Mo is wirkli guat!«
Da klatschn d'Leut und schrein »Bravo!«
Der oane stößt den andern o:
»Werds sehng, der schafft des Dritte aa!«
D'Prinzessin Turandot steht da
und kennt se nimmer voller Zorn,
und schwitzn duats' scho hint und vorn.
Sie stampft mitn Fuaß in Teppich nei
und schreit: »Des muaß a Schiebung sei!
Doch mir is wurst, ko sei, wia's mag,
jetzt kimmt ja noch de dritte Frag,
na werd er köpft, des sag euch i!«
Dann schaugts' auf ihran Zettl hi
und macht de Schlitzaugn winzig kloa
– glei kriagt der Henker ebbas z'doa ...
»De dritte Frag erratst du nia,
da huift koa Glück und aa koa Müah:
Wer mitm Feuer spuit, verkennt,
dass man dabei sich leicht verbrennt.
Doch sag ma, Fremdling, welchas Eis
den Mensch verbrennt auf gleiche Weis?«

Da hat der Fremdling d'Händ z'sammgschlagn.
»Wia kannst du mi aso dumm fragn!
Mit so was bringst mi net in Not.
Der Eisberg, der hoaßt Turandot!«

Der dritte Weise, Mi Tsching Dag,
hat gmoant, es trifft'n fast der Schlag.
Sei ganze Würde er vergisst,
wia er sei Rolln aufmacht und liest.
»Is net zum Glaabn, du großer Gott!
Da steht wahrhaftig: Turandot!
I muaß scho sagn: Mi hauts vom Stui!
Da kann ma denka, was ma wui:
Der Mensch is Klasse, sag euch i,
und gewiss der rechte Mo für sie!«

»Für mi?«, ruaft die Prinzessin hart.
»Auf so oan hab i grad no gwart!
Zum Heiratn, da ghörn zwoa dazua!
I wuinan net, i möcht mei Ruah!«

Der Staatsbeamte namens Pang
schreit ganz erbost, dass' so net gaang.
Der neben eahm mit Namen Pong
haut zornig auf sein großn Gong.

Der dritte schließlich namens Peng
sagt: »Was versprocha is, muaß gschehng!«
De andern nehma aa Partei
und schrein: ›Ganz recht, des darf net sei!
Z'erst sagt ma so, na sagt ma so,
wia wirkt denn des auf so an Mo!«
Wenn Chinas Ehr steht auf dem Spui,
dann duat de Goaß grad, was sie wui,
habn manche denkt, und laut habns' gfragt,
was denn der Kaiser dazua sagt?

Der Kaiser gibt zwar ganz privat
der Turandot so manchn Rat,
doch hat in jeder Sach zuletzt
noch immer *sie* ihrn Kopf durchgsetzt.
In dem Foi aber is er hart
und duat, was 's Volk von eahm erwart':
»Seids oisam staad und setzts euch hi,
was gschiacht, bestimm no oiwei i!
Und i bestimm, dass gheirat werd,
so wia se des in dem Foi ghört!«

In dem Moment duats einen Krach,
und ois zuckt zamm. Erst nach und nach
begreifa d'Leut, was eigntlich gschehng,
wias' lauter Scherbn am Teppich sehng.
De schönste Vasn vom Palast,
de wo bestaunt hat mancher Gast,
de schönst vielleicht vom ganzn Land,
de hat d'Prinzessin kurzerhand
in Bodn neigfeuert in ihrm Zorn,
und dann is' plötzlich kaasig worn
und schreit: »I dua net, was ihr wollts,
denn i hab schließlich aa mein Stolz!«

Bevors' de nächste Vasn nimmt,
hat ihr der Kaiser höchst ergrimmt
an leichtn Patsch an Hintern gebn
(de andern Leut habns net so gsehng),
und des hats' völlig narrisch gmacht.
No nia hat er des z'sammabracht,
dass er an Hintern ihr verhaut.
Jetzt war die Gschicht erst recht versaut.

Sie schmeißt se aufn Teppich hi
und schreit: »Seids alle gega mi!«
Sie trommet mit die Faust an Bodn:
»Is des vielleicht dafür der Lohn,

dass i de Männer kloakriagt hab,
de kemma san boid jedn Tag?
Mei Rachedurst is no net aus.
Der Kerl, der kimmt mir net ins Haus!
I wui nix z' toan habn mit dem Narrn,
des mit de Rätsl is a Schmarrn.
Jeds Mannsbuid is für mi a Graus,
der Kerl werd köpft und damit aus!«
Dann woants' auf oamoi fürchterlich
und haut mit Händ und Füaß um sich.

Da sagt der Leibarzt Ku Mu Feng:
»Da huift koa Spritzn was dagegn.
Der Deife steckt im Madl drin,
für so was gibt's koa Medizin.
Ois Vater hätt i koane Boin
und daat an Hintern ihr versoin.«

Was dann passiert, is sonderbar:
Der Fremde plötzlich bei ihr war.
Er kniat se hi und schaugts' liab o.
»Sag ma, wer hat dir ebbas do?
Die ganze Schönheit geht verlorn,
wennsd' woanst und schreist mit gaachn Zorn.
Du armes Patscherl, muaßt vui leidn,
a Schand is, wias' es mit dir treibn!
Koa Mensch versteht dein harbn Schmerz,
net oaner hat für di a Herz,
und alle hackns' auf dir rum.
Jetzt sei net traurig, Madl, kumm,
dei Papa moant's doch guat mit dir,
er kann ja schließlich nix dafür,
dass alle Rätsel glöst worn san.
Koa Mensch hat denkt, dass des so kaam.
Und mir is' selber gar net recht.
Denk ja net, dass i bin so schlecht
und drauf besteh, dass du mi nimmst.

Des waar für mich des Allerschlimmst,
dass du zwengs mir an Zwang eigehst;
naa, naa, des dean ma net, verstehst.
Denn d'Liab is so was Feins und Zarts,
do passt nix Grobs drauf und nix Harts.
A Soafablasn, kann ma sagn,
nur grad a leichter Wind derfs tragn.
O arme kloane Turandot,
was soi i doa in meiner Not?
Drei Rätsl hab i rausbracht scho,
i findt, jetzt kaamast du moi dro.
I geh jetzt fort bis morgn früah,
wenn d'Sonn aufgeht, da sagst du mir,
woher i bin und wia i hoaß;
es gibt hier neamand, der des woaß.
Und kannst mir morgn mein Nama sagn,
dann lass i mir an Kopf abschlagn.
Errätst mein Nama aber net
– na sehng ma scho, wia's weitergeht.
Wia gsagt, i dräng mi dir net auf.
Wennsd' mi net magst, i nimms in Kauf.
A andre Muatter, wiar i find,
de hat gwiss aa a recht schöns Kind.
I denk, des is a Angebot!
Moanst net, Prinzessin Turandot?
De Zeit is lang no bis morgn fruah!
Guat Nacht und angenehme Ruah!«

Kaam hat er gsagt des letzte Wort,
da war er aa scho auf und fort.
A hundert Schlitzaugn schaugn eahm nach.
Der Kaiser sagt: »Des is a Sach!«

D'Prinzessin aber is ganz staad,
fast moant ma, dass' eahm nachgeh daat.
Sie schaugt auf oamoi komisch drei
und schnauft tiaf auf und sagt »o mei!«.

Und 's Köpferl hängt ihr bis zur Brust,
und wias' staad nausgeht, hat ma gwusst,
dass ebbas vor sich geht in ihr,
doch was, erfahrt ma erst morgn früah.

Der Henker stellt sei Hackbeil hi:
»I glaab, heut gibts nix z'doan für mi.
Für morgn is d'Aussicht aa net groß,
i fürcht, i wer' no arbeitslos.«

Dritter Akt
Wia er sie rumkriagt hat

Am andern Tag um fünfe scho
d'Prinzessin ziahgt ihr Gwand grad o;
sie steht alloa im Schlafgemach
und jammert schrecklich weh und ach.
De hoibad Nacht hat sie studiert,
was wohl der Kerl fürn Nama führt.
Doch in der Fruha um hoibe drei
hat sie sich denkt, jetzt lass i's sei.
Sie hat net gwusst, was' eigntlich wui,
im Herz war so a seltsams Gfui.
Doch jetzt, wia 's Tagliacht langsam kimmt,
wars' doch recht angstlich und verstimmt.
Was is, hats' denkt, bloß los mit mir,
was juckt mi scho in aller Früah?
Und wias' so vor sich histudiert,
hat se auf oamoi ebbas grührt.
Und wias' des hört, gibt's ihr an Riss:
Am Fenster dort, des offa is,
steigt doch pfeigrad a Mannsbuid rei –
um Gottes Wuin, wer werd des sei?

Da steht der Fremdling scho vor ihr
und sagt: »I woaß scho, bei der Tür
geht ma normalerweise rei,
doch desmoi muaß a Ausnahm sei;
denn uma fünfe in der Fruah,
da is der Eingang unt no zua,
und i hoit's nimmer länger aus,
des lange Warten is a Graus.
Was is? Hast rausbracht, wiar i hoaß?
I frag, trotzdem i d'Antwort woaß.
Mein Nama, den errätst du nia!
Des Beste is, du sparst dir d'Müah.
I sag da'n jetzat gradaus zua,

na hat de arme Säi a Ruah.
Pass auf, Prinzessin, jetza kimmts:
Ich, *Kalaf* der Tatarenprinz,
bin kemma, dass ich dich gewinn.
De oide Feindschaft hat koan Sinn,
de kost' bloß Nervn, Kraft und Bluat.
Du werst mei Frau und ois is guat.
Sag ja, na geng' mas o, de Gschicht,
i bin auf schnelle Heirat gricht!
– Nur du schaugst no weng trumslad drei'!
Was is? Magst net mei Weiberl sei?
Geh, sei net zwider und vergiss,
was früahra amoi gwesn is.
I wui di do net unterkriagn,
dei Selbstbewusstsein owebiagn.
Im Gegenteil, i find es guat,
dassd so vui Pfeffer hast im Bluat.
Nur grad a wengerl liab soist sei,
schaugst gar so wia a Gifthex drei'!
Jetzt bist des schönste Wei im Land
und hast im Herz dein blädn Grant;
wennsd' den net aufgibst, dann werst boid
a schiache Henna sei und oid!
Was is jetzt? Wuist mi oder net?
I wart net länger, Madl, red!«

Prinz Kalaf packt de Ungeduid:
»Wennsd' jetzt net ja sagst, wer' i wuid!«

D'Prinzessin Turandot sagt nix.
Ma woaß, des san so Weibertricks,
damit der Mo recht zapplad werd
– oft is des gar net so verkehrt.
Wenn ein Tatar steht in der Brunst,
san soiche Tricks jedoch umsunst.

Wia sie hat immer noch nix gredt,
da ziahgt ers' hi aufs Himmebett.

Sie hat am Anfang aufbegehrt,
hat eahm sei Schmuserei verwehrt.
Er hat scho Angst ghabt, 's waar nix z'macha
– doch dann war plötzlich sie de Gaacha
und hat'n busslt, hat'n bissn
und hat'n einedruckt in d'Kissn
und hat'n packt in wuider Gier,
dassd gmoant hast, jetzt derdruckts'n schier.

Erst wia er gsagt hat: »Jetzt is gnua!«,
da gibt sie endlich aa a Ruah.
A letztes Busserl kriagt er no,
dann sagts' zu eahm: »Mei lieber Mo,
i woaß net, wia i sagn soi glei,
i fui mi so erlöst und frei.
Hab immer gmoant, de größte Gfahr
de Übermacht der Männer waar,
dass sie mit Gier und Grausamkeit
sich austobn an uns Weiberleut.
Und wenn ma so was einefrisst,
ma leicht das rechte Maß vergisst.
Mei Gmüat war eigfrorn bis ins Herz,
doch wia der Sonnaschein im März
hast du mi auftaut unterm Schnee,
liabs Schatzerle, i dank dir schee!
Der Hass is des, was d'Menschen trennt,
und d'Liab, de führt zum guatn End.
De Stund, de wer' i nia vergessn –
hast Recht, der Gschmack, der kimmt mitn Essn!«

Der Fliagade Holländer

oder
Wia de Zenze von Leoni durch ihran Opfertod an Seefahrer aus der Verdammnis grett' hat

Frei nach der Oper von Richard Wagner

Des sell is de Gschicht von dem Holländer-Schiff,
für Leut, de zur See fahrn, a fester Begriff:
A Mo hat aso lang Schifferl fahrn gmüaßt,
bis dass er a ganz schwaare Sünd hat verbüaßt.

Und was er verbrocha hat, woaß ma net gnau,
auf jedn Foi hats ebbas z'doan mit'ra Frau.
Und seit der Zeit muaß er bei Tag und bei Nacht
am Wasser fahrn, wenns no so donnert und kracht.

Nur alle siebn Jahr grad, do derf ers probiern,
ob er aufm Land findt a kreuzbrave Dirn,
de wo für eahm opfert ihrn Leib und Lebn;
des daat eahm an ewign Friedn na gebn.

In welchera Gegnd de Gschicht is passiert,
i glaab, dass euch das net so arg intressiert.
Doch damits a jeder kann besser versteh,
verlegn ma des Ganze an Starnberger See.

Erster Akt

Der Holländer geistert grad so umanand
von Tutzing nach Starnberg und Ammerland.
Bei Feldafing, do hat ma'n aa scho gsehng,
dann schiaßt er glei wieder ganz wuid und verwegn
zur Südspitzn owe und dann nach Bernriad.
D'Matrosn de singa a schauerlichs Liad.
Und Augn habns' ghabt, grad wia zwoa Knödl so groß,
und d'Händ warn verschmiert mit'ra bluatign Soß;
as Gsicht war so weiß wia a frisch gfoina Schnee,
und gstöhnt habns', dass z'hörn war bis weit übern See.

A Fischer, der is mit seim Kahn
an Holländer in Weg neigfahrn,
hat gmoant, jetzt schlagt sei letzte Stund
und glaabt se scho maustot am Grund –
do siecht er obn a wachsans Gsicht,
hört schrein: »He, Fischer, weißt du nicht,
wo da am See a Jungfrau wohnt?
Sag mir's, dann wirst du reich belohnt!«

Der Fischer, der duat damisch schaugn.
»A Jungfrau, gäi, des daat dir taugn!
Woaßt, Madln wüsst i ja grad gnua
von Seeshaupt bis auf Starnberg zua,
mit Jungfraun aber – da beißt's aus,
da woaß ma holt nix so Genaus;
des werd net aufgschriebn, net verbuacht,
und neamd is do, ders untersuacht.
Und was i so persönlich kenn –
Sans alle höchstens vorher gwen.«

Der Fischer war no net am End,
do habn d'Matrosn gschrian und gstöhnt
und san mit einem Höllenzahn
in Richtung Ambach weitergfahrn.

Und schließlich kummt der Tag, an dem
siebn Jahr san wieder uma gwen.
Der Holländer, der reißt se z'samm,
d'Matrosen stehna alle stramm
und glotzen mit ihrn Geistergfrieß,
wia er vom Schiff roganga is.

Damit d'Erlösungsstunde schlagt,
steigt er z'Leoni aus und sagt:
»Vorbei san wieder siebn Jahr,
wann wird der Blädsinn endlich gar?
Des Geisterlebn, des is barbarisch,
a Weib muaß her, sonst wer' i narrisch!«

As Ufer liegt no in der Ruah,
es war um siebne in der Fruah.
Nur grad der Schiffsbesitzer Beer
Kummt aufm Weg zum See daher.

»Scho in der Fruah a Weib wuist habn? –
Bist guat beinand, des muaß i sagn!
Jetzt geht ma doch der Arwad nach
und denkt net an a soiche Sach!«

Da hat der ander eahm erklärt,
was er für Weiberleut begehrt:
A Jungfrau braucht er, brav und fein,
mit guatm Herz; schee brauchts' net sein –
bloß muaß hoit alles für eahm gebn,
was hat, ihm Leib, ihr junges Lebn.

»Do werst di hart doa«, sagt der oa,
»denn Jungfraun gibt's z'Leoni koa.
Natürle woaß i des net gwiss,
es kunnt aa sei, dass' anders is.
Auf jedn Foi, mei liaber Mo,
wennst d'Zenze nimmst, bist net schlecht dro.
Die Zenta, was mei Tochter is,
i buid mir ei, de mag di gwiss.
Sie spinnt zwar an an Jager hi,
doch is des net der Recht für sie.
Du bist a gstandner Mo mit Pfiff,
und außerdem hast du a Schiff,
wenns aa verdreckt is und verrost,
des richt'ma z'samm, ganz wurscht, was kost.
Nur grad dei Gsicht – des duat ma load –
schaugt boanan außa ausm Pfoad.
Wenn i des siech, kummt ma der Graus,
doch d'Zenta fuattert de scho raus.
Und des mitn Leben-Hingebn – o mei –,
des wird scho net so ernst gmoant sei ...
Mit meiner Zenta, do bist gricht!
Oisdann, was is? – Packs' o, de Gschicht.«

Zweiter Akt

So san de zwoa na losmarschiert,
der Holländer ganz kuraschiert;
sei Sehnsucht, de hat kennt koa Grenze,
ganz zapplad war er nach der Zenze.
Und wias' dann gwen san vor dem Haus,
schaugt d'Tochter grad zu Haustür raus.

»He, Zenta, kimm moi zuawa do,
i bring dir do an gstandna Mo!
I moa, des waar für di der Recht;
Er hat a Schiff, weswegn i möcht,
dass du ihn heiratst möglichst boid.
Des derfst ma glaabn: Mit dem bist gstäit.
Guat gwachsn is er aa, des siahgst,
derfst froh sei, wennst an soichn kriagst.
Sei nett zu eahm! Und hör auf mi:
Stell eahm a guate Brotzeit hi
und dua aa sonst ois, was er möcht,
i glaab, dann wird de Gschicht scho recht.
Und siecht er 's Hoiz vor deiner Hüttn,
dann lasst er se eh net lang bittn.
I selbn hab no Verschiedens z'doa,
drum lass i euch a weng alloa.«

Wia na der Vater furt gwen is,
war d'Zenze ihrer Sach scho gwiss.
Sie hat ihrn Gast ins Haus neigführt
und recht verliabt mit eahm dischkriert,
hat eahm a guate Brotzeit gricht,
Kaas, Butter, Oar an Tisch higschlicht,
a Bauernbrot und Gsäichts grad gnua,
a Glasl Zwetschgnschnaps dazua.

Der Holländer hat ois verdruckt
und zwoa Maß Bier no nachegschluckt.

Dann hat er gsagt: »Was dean ma jetzt?«
und hat se nah zu ihr higsetzt.

Von da ab schweigt des Dichters Feder.
Was weiter war, des woaß a jeder.
Der Holländer hats gaach opackt.
Damit ist aus der zwoate Akt.

Dritter Akt

Der dritte Akt spuit fünf Tag später,
z'Leoni hats längst gwusst a jeder,
dass d'Zenta mit an Mo bussiert
und sich vor neamand net scheniert,
wo s' doch verlobt is scho seit langem
mit einem Jaager drübn aus Wangen!

Doch der ist plötzlich Luft für sie,
sie schmeißt se an den andern hi,
der wo für sie doch koa Verkehr is;
koa Mensch woaß, wo der Kerl bloß her is.
Und ausschaugn duat er, so a Jammer,
pfeigrad ois wia der Boandlkramer.

Die Zenze und ihr neuer Freund
warn fünf Tag inniglich vereint.
Dann hat er gsagt: »Mei, jetz werds Zeit,
dass i moi schaug nach meine Leut.
Pfüa Gott, liabs Madl, sei net zwider,
morgn in der Fruah, do kimm i wieder.«

Der Tag is langsam owegsunka,
glüahrot is d'Sonn im See dertrunka,
und d'Zenze sitzt dahoam alloa
und denkt se: ›Mei, was soi i doa?
Wenn er iatz nimmer kimmt, der Mo,
na dua i mir pfeigrad was o.‹

Und wias na finster gwen is drauß,
hats' gsagt: »Jetzt hoit i's nimmer aus!«
und is dann aufm schnellstn Weg
an See zuagrennt zum Dampfersteg.

Zehn Meter wars' no weg vom See,
do bleibts' auf oamoi kaasbleich steh.

Tiaf bis ins Herz nei is derschrocka,
denn vor ihr steht a Riesnbrocka
von an Mo, dens' glei erkennt:
der Jaager wars aus Wangen drent.

Und wia a Ungewitter tobt er,
der Jaager Erich, ihr Verlobter:
»Hab i di jetzt derwischt, du Luader,
wiast nachrennst diesem wüasten Bruader!
Mit dem werds nix, des kannst dir merka,
und außerdem bin i der Stärker!
Den Kerl, den kriag i scho in Griff
und hau'n zum Deife samt sein Schiff!
Des oa Moi no verzeih i dir,
doch auf der Stäi gehst jetzt mit mir!«

Dann sagt er no mit woacher Stimm:
»Geh, Zenze, sei doch gscheit und kimm
doch zu mir zruck, du bist mei Ois ...«
und legt sein Arm um ihren Hois,
druckt ihr mit Gwoit a Bussl nauf
und damit nimmt de Gschicht ihrn Lauf ...

Vom Schiff her tönt a hohler Schrei:
»Verrat, Verrat – ois is vorbei!«
Der Holländer hat alles gsehng,
wia sie in seine Arm is glegn.
»I bin verkaaft, do gibt's koan Zweife!«,
schreit er und fluacht ois wia der Deife.

Der Wind hat in de Segl pfiffa,
der Steuermo hat 's Radl griffa,
vom Himme is a Blitz rogfahrn,
d'Matrosen, de san grennt wia d'Narrn,
dann no a Schroa, a greller Pfiff –
und scho fahrts weg, des Geisterschiff.

Wia d'Zenze siehgt, was is passiert,
hats glei fürchterlich pressiert,
reißt se vom Jaager weg mit Gwoit,
rennt hi zum Ufer ohne Hoit
und stürzt se – wia kanns anders sei –
pfeigrad ins koide Wasser nei
und schwimmt und schwimmt aufs Schiff grad zua;
der Jaager schreit no: »Bläde Kuah!«

Doch d'Zenze, de is net zum hoitn,
hat okämpft gegen Sturm und Koitn,
hat gschnauft und gschluckt und Wasser gspiebn,
aber dann hats' wieder d'Liab otriebn.
Doch wias' a guats Stück draußn war,
do war ihr Kraft allmählich gar.
Zerst hats' no do an Schroa, an langa –
und dann is langsam unterganga.
Nur Blasn san no aufagstiegn,
sie selbn is unt im Wasser bliebn.

's war übrigens net weit von do,
wo gstorbn is aa der Ludwig zwo.

Doch dann – im nachstn Augnblick –
beginnt des Wunder in dem Stück.

Die Sonne in die Nacht einbricht,
der See erstrahlt in hellem Licht,
die Vögel in den Lüften singen,
aus München alle Glocken klingen.

Die Berge leuchten blau und grün,
der Enzian fängt an zu blühn,
das Edelweiß leucht in den Scharten
viel schöner wie auf Ansichtskarten.

Die Sennerinnen jodeln munter,
der Hüterbub springt rauf und runter,
die Gamserl stehn am Fels verzückt,
der Wandrer zu den Gipfeln blickt.

Hoch oben schönstes Alpenglühn,
wo Adler durch die Lüfte ziehn,
der Hirsch röhrt laut im Silberwald,
und übern Berg das Alphorn schallt.

Die Kammerfensterln tun sich auf,
der Loisl steigt zum Lisei nauf,
der Franzl kraxlt zur Kathrein,
die Vroni lässt den Beni ein.

Die Almen atmen Blumenduft,
und Schützen ballern in die Luft,
zu frohem Klarinettenschall
wird schuhgeplattlt überall.

Und do erstrahlt zum Hochgenuss
mit rosa Limonadenguss
von München her bis nach Lenggries
das ganze »Bayrisch Paradies«!

Und in den Wolken wunderbar
Sieht man das nun erlöste Paar:
In Dirndlkleid und Lederhose
– in edler Richard-Wagner-Pose –
durchschweben sie des Diesseits Grenze:
der Holländer mit seiner Zenze!

Madam Batterflei

oder
*Wia a herzloser Ami a liebs kloans Japaner-
Madl sitzn hat lassn*

Frei nach der Oper von Giacomo Puccini

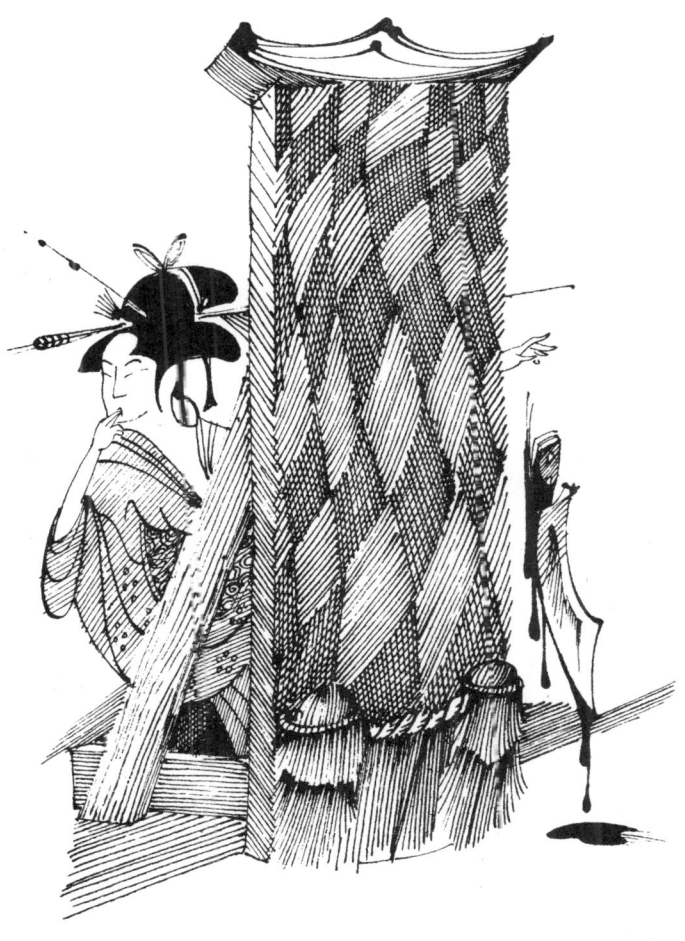

A Ami hat nix Guats im Sinn
und heirat' a Japanerin
und denkt se: »Wenn i s' nimmer mag,
na lass i s' steh am selbn Tag.«

Doch sie hat eahm zum Fressn gern
und möchat glei vor Sehnsucht sterbn,
wia er dann hat nach kurzm Glück
sich furtdruckt übern Pazifik.

Sie hofft, dass er boid wiederkimmt,
wo sie doch kriagt vo eahm a Kind.
Der Vater aber, der is weit
und hat für seine zwoa koa Zeit.

Er war a Kapitän zur See.
Eahm duat de Gschicht net weiter weh,
er schickt koan Briaf und aa koa Packl
– 's war ebn a seltn gscherter Lackl.

Sie bet' in ihrer staadn Kammer
zum Göttersitz am Fudschijama,
und d'Hoffnung leucht ois wia a Stern
– doch der Hallodri lasst nix hörn.

Der Bua wachst her, a süaßer Bengl,
pausbackad wia a Weihnachtsengl,
mit Schlitzaugn und mit Seemannsblick,
der Batterflei ihr oanzigs Glück.

Und dann nach Jahren is so weit
– für d'Batterflei a Ewigkeit –,
a Schiff legt o in Nagasaki!
Sie nimmt ihrn Buam, den süaßn Zwacki,
sie schmückt ihr Stubn mit Blütnpracht
und kniat a lange, lange Nacht
am Fenster und duat auf eahm wartn …

Und in der Fruah steht er im Gartn
– und traut se net ins Haus neigeh,
denn nebn seiner hat er steh
a anders Wei, sei Frau, und möcht
nur 's Kind abhoin, der Lump, der schlecht.

Und d'Batterflei, de wehrt se net,
wia ma ihr sagt, wia alles steht,
verdruckt se hinter d'Spanisch Wand,
's Mikadomesser in der Hand.

Sie denkt no oamoi zruck an eahm
und dann wuis' nix mehr ois wia sterbn.
Ma siehgt, wias' ziahgt an Schleier füri,
aus is – gar is – Harakiri.

Der Ring des Nibelungen
Das Rheingold
oder
De Gschicht von de goidana Äpfe

Frei nach der Oper von Richard Wagner

Vorspruch

Wer Äpfe ißt lebt ewig lang.
Sie fördern deinen Wasserdrang
und aa in Leber, Darm und Hirn
konnst ihre Heilkraft deutlich spürn.
Gerät dein Stuhlgang dir nicht zügig,
macht Äpfeessen ihn gefügig.
Der Apfe huift aa gega Gicht
und wer net aus de Augn raussiecht,
weil 's ganze Bluat im Kopf drin is,
soi Äpfe essn, des huift gwiß.
Wer Äpfe ißt, ganz frisch vom Baam,
kriagt nia a Glatzn, derfts mas glaam.
Von Rheumatismus keine Spur,
machst jedes Jahr a Äpfekur.
A Mensch, der laufend Äpfe speist,
im hohen Alter net vergreist,
der Kalk nicht seinen Kreislauf hemmt
und er bleibt jung und stets potent.

Noch manche Krankheit waar zum sagn,
de man mit Äpfe konn verjagn.
Sehr gut is aa der Apfesaft,
weil er bei Fieber Lind'rung schafft
und aa bei Bronchialkatarrh
wirkt Apfesaft ganz wunderbar.
Wer abends einen Apfe ißt,
des Tages Ärger schnell vergißt.
Nimm ihn mit Andacht in dei Hand
und iß ihn langsam mit Verstand.
Und legst dich dann in d'Bettstatt nei,
dann schlafst du oisboid ruhig ei.

So stimmt des woi, de best Arznei
im Lebn kannt leicht der Apfe sei.
Nur wenns amoi an End zuageht,

dann hilft dir aa koa Apfe net.
Wenns d' aufgebn muaßt moi deinen Geist,
konnst Äpfe essn, bis di zreißt.
Umsonst. – Es geht dahi mit dir.
Da huift dir aa koa Doktormüah.
Nur oans kannt helfa in der Not.
A goidna Apfe gegan Tod.
Doch der wachst nirgends auf der Welt,
den konnst net kaffa für dei Geld.
Der kimmt nur vor im Märchen drin,
da hat er aa sein rechtn Sinn.
So, Leut, paßts auf, seids alle gricht,
jetzt fang ma o mit dera Gschicht.

Erster Akt

De oidn Götter habn scho gwußt,
wia schee daß is de Fleischeslust.
A Fabelwesen, Riesen, Zwerge,
habn Weiber ghabt oft ganze Berge.
So spürt auch König Alberich,
der Nibelung, an Drang in sich
und taucht zu seinem Zeitvertreib
tiaf drin im Rhein nach einem Weib.

A Madl, des an Fischleib hat,
ist zwar für d'Liab net 's beste grad,
doch war der Alberich scho froh,
wenn er an Busn datschln ko.
Da schwimma aa scho drei daher.
»Da schnappst dir oane, is net schwer!«
Scho moant er, er hätt oane gfischt,
is eahm des Luada durchegwischt.
Da schwimmt de zwoate hinterm Riff,
fast hat er s' scho im Untergriff,
da schwimmt s' eahm, glitschig wia a Lurch,
durch seine gspreiztn Haxn durch.
Scho kimmt de dritte auf eahm zua –
»I wui dir doch nix, bläde Kuah!«
schreit er wia sie a Wendung macht
und hinterm Felsn fürelacht.
Doch dann passiert was Wunderbars,
a zauberhafter Liachtschein war's,
der plötzlich runterkimmt vo obn,
»Varreck, was isn des da drobn?«
Der Alberich hat d'Augn verdraaht.
»Jetzt möcht i doch scho wissn grad,
wem ghörtn des, was isn da?«

»Hast nia was ghört vom Rheingold, ha?«
sagt da de jüngste von de drei,

d'Wellgunde. »Hoitst net glei dei Mei!«
schreit da d'Floßhilde, »Blöde Goaß,
a Gheimnis is, des koa Mensch woaß!«

»Geh weiter, hab di doch net so!
Des wüaste Zwetschgnmandl da
versteht doch nix von Gold und Macht,
du siehgst doch, wia er deppad lacht.«

Ma woaß ja, d'Weiber san oft blöd,
wenns ratschn, na dabremst as net,
da gehts dahi in einem Fluß
und was kimmt raus – nix wia Verdruß!
Was streng geheim is, ganz egal,
muaß rausgratscht werdn auf jedn Fall.
Erst wenn der letzte Stoff ausgeht,
werd's eahna Angst, doch dann is z'spät.
Und so passierts', daß diese drei
net eher hoitn eahna Mei,
bis ausgredt is der letzte Satz
vom edlen Nibelungenschatz.

Der Alberich spitzt fein de Ohrn,
eahm geht koa oanzigs Wort verlorn:
Wer je des Goid tuat wegatragn,
so hört er de drei Weiber sagn,
de ganzn Brockan, de da liegn,
der ko damit de Welt besiegn.
Wenn er an Ring schmiedt aus dem Gold,
dann kannt er macha, was er woit!
Sei Macht gang über d'ganze Welt
und wer si eahm entgegenstellt,
den werd de Kraft des Rings zerschlagn.
Nur oans, des muaß ma aa no sagn:
Er derf gar niamois zu an Wei,
muaß euwei brav alloanig sei.
Er derf net liabn des ganze Lebn

und grad an soichan duats net gebn,
der des a Lebn lang zammabracht,
denn zerst kimmt d'Liab und dann kimmt d'Macht!

»He Alberich ko'st des versteh,
bei dir daaz scho glei gar net geh!
Di packad d'hoaße Liab im Nu,
des gibst doch zua, du Lustmolch du!«

Des hättns net sagn soin, ohne Zweife.
Der Zwerg rennt auf, ois wia der Deife.
»Auf d'Liab verzicht i!« schreit er no,
reißt's Gold an sich – und rennt davo.

Zweiter Akt

Der Wotan sagt in aller Fruah
zu seinem Weib: »Jetzt horch moi zua:
Die Burg Walhall steht fertig da
und trotzdem werd i net recht froh.
Zwoa Riesn habn uns baut des Haus,
i Depp mach einen Baupreis aus,
daß sie, wenn 's schlüsselfertig steht
und alles schee in Ordnung geht
bis auf de letzte Kellerstiagn,
de Freia zum vernaschn kriagn.
O Fricka, sag, was mach ma nur?
I bin net gnickad von Natur,
doch unsre heißgeliebte Freia
is mir ois Baupreis doch scho z'teia.«

Der Wotan war no net zu End,
da kemma c'Riesn aa scho grennt.
Der Fasolt hint, der Fafner vorn:
»Walhall is pünktlich fertig wordn!
Schaug s' o, de Burg, de gfoit dir gwiß.
Raus mit der Freia, Zahltag is!
Sag ja net, daß vielleicht net wui,
oa Wei für zwoa is eh net zvui!«

Der Wotan kratzt se an seim Kinn.
»Ihr spinnts woi, des is niamois drin!
I gib mei Schwaagrin net so Raudi,
des ganze war doch bloß a Gaudi!«

Ma merkt, daß ein Germanengott,
der neirutscht in a Gwissnsnot,
sich wia a Schlanga außawindt.
Des is net göttlich, wia i findt.

Da siecht ma wia de Freia grad
halb nackad außakimmt vom Bad.

Da hat's der Fafner wissn mögn:
»A Gaudi, sagst? Des woi ma sehng!«
Er springt mit einem Satz zur Freia,
fahrt ihr krawottisch untern Schleia,
wahrscheinlich hätt er s' packt mit Gwoit –
in dem Moment schreit oana »Hoit!«
Der Loge war's, der Gott des Feuers
und der sagt glei was Ungeheuers:

»Leut, horchts, es is was Schlimmes gschehng,
glei draaht se d'Welt um, werdses sehng
und uns werd boid der Deife holn:
Der Alberich *hat's Rheingold gstohln!*
De Macht des Rings, de liegt bei eahm!
Der bringt uns alle in's Verderbn!
Los, reißts euch zamm, schaugts net so blöd,
habts mi verstandn oder net?
Es geht ums Rheingold, liabe Leut,
begreifts denn net, was des bedeut?
Wenn der damit a Dummheit macht,
dann zreißts uns oisam, guate Nacht!
Woin mir net 's ganze Gspui verliern,
dann muaß sofort no was passiern!«

Der Wotan is zu Stoa erstarrt.
»Mir bleibt doch wirklich nix erspart!
Sogar ois Gott hast net dei Ruah.
I woaß boid nimmer, was i dua.«

Der Fafner laßt die Freia steh,
eahm kummt da eine Pfunds-Idee:
»He, Wotan, bring uns 's Rheingold zua!
Ois Baupreis waar uns des Sach gnua.
Na brauchat ma de Freia net,

i find, des waar doch gar net blöd.
Mir nehma s' jetza mit ois Pfand,
und bringst uns 's Rheingold bis heut abnd,
na gebn mir 's Madl wieder frei,
natürlich unversehrt! – Schlag ei!«

Der Wotan druckt net lang mehr rum,
›Los, auf zur Erdn, Loge kumm!
Der Giftzwerg muaß des Goid hergebn,
es geht um unser Überlebn!«

Die Götter, derf ma net vergessn,
habn täglich goidne Äpfe gessn.
Dadurch sans jung bliebn und potent,
so wia mas hoit von Göttern kennt.
Hättn s' soiche Äpfe nimmer ghabt,
waarn s' oisboid restlos zammaklappt.

Nur oans hat ghabt de Zauberkraft,
daß soiche Äpfe heraschafft.
Nur d'Freia war dazua imstand,
sie war der Äpfelieferant.
Täglich is in Gartn ganga,
de goidna Äpfe runterz'glanga.
Oan für'n Wotan, oan für d'Fricka,
für'n Baidur duats oan owazwicka.
Für'n Donar oan, den Donnergott,
die Erda ißts gern als Kompott.
Und für sich selber aa no oa,
ois Liebesgöttin täglich zwoa.
Der Loge siehgt se aa net gnua,
und so weiter und so zua.

Drum war der Wotan so drauf aus,
daß' schnellstens wieder kimmt ins Haus.
Damit das Lebn sich nicht erschöpfe
zwengs dene blädn goidna Äpfe.

Dritter Akt

Der Alberich, der wüaste Zwerg,
hat ghaust tiaf drin im finstern Berg.
Er hockt auf seinem gstoina Goid
und denkt, was er draus macha soit.
Er sagt zu seinem Bruader Mime:
»Du schmiedst an Tarnhelm, nacha kimm i
und zoag dir seine Wunderkraft!«

Der Mime hat's in vier Stund gschafft.
Der Tarnhelm hat eahm sehr guat gfoin,
drum hätt er'n selber bhoitn woin.
Der Alberich kriagt glei a Wuat
und setzt'n auf den goidna Huat
und hat mit unsichtbare Händ
sein Bruada oane auffebrennt.

Da kimmt der Wotan scho daher
und sagt: Der Tarnhelm gfoit eahm sehr!
Der Loge hat desselbe gsagt
und nach de Möglichkeiten gfragt,
in was ma sich verwandeln kannt.
»Probier's amoi, da san ma gspannt!«

Der Alberich war narrisch stoiz.
»I führ euch alles vor, was woits!
Da gibts de allertollstn Sacha!
Jetzt möcht i sei a wuider Dracha!
Schaugts her, i setz jetzt auf den Huat!«
Der Wotan schreit: »Mei, is des guat!«

Tatsächlich is der Alberich
mit einem Schlag ein greißlichs Viech,
zehn Meter lang und dickbeleibt,
mit einem Maul, das Feia speibt.

»Großartig!« hat der Wotan geschrian.
»Da mecht ma schier glei Angstn kriagn!
Unglaublich, liaber Alberich!
– Und wia is mit an kloana Viech?
A Krötn, moan i, waar recht schee,
doch fürcht i hoit, des werd net geh.
Der Helm spricht nur auf große o,
i findn trotzdem praktisch so.«

»Doch!« schreit der Zwerg, »des buidst dir ei,
a kloans Viech konn's genau so sei!
Wenn 's d' wuist, na konnst es sofort sehng,
i setz an Helm auf, scho is gschehng!«

Tatsächlich hupft a Krötn rum,
a batzlaugads, glitschigs Trumm.
Der Wotan springt glei auf sie hi
und packt s'. »Du Depp. Jetzt hab i di!
So Bürscherl, jetza ghörst der Katz!
Sei froh, wenn i di net derbatz!«

Der Loge, der is aa glei da
und reißt an Zwerg an Tarnhelm ro.
Der schreit no: »So ein fauler Trick!«
Dann ziahngs'n an an Kaiwestrick
zur Oberwelt hoch drobn am Berg.

»Jetzt paß mol auf, du wüaster Zwerg:
Du ruckst sofort mitn Rheingold raus!
Mir laßn di net eher aus!«
Der Wotan schaugtn drohend o,
da hat der Zwerg an Plärra do.
Und aus an finstern Loch im Berg,
da grawen lauter Gartnzwerg
und schleppn 's ganze Goid daher,
der Wotan grinst, 's werd euwei mehr.
Sie dean 's eahm schee vor d'Füaß hilegn

Der Alberich knirscht mit de Zahn,
wia s' na an Tarnhelm legn dazua.
Der Wotan siehgt se no net gnua.
»Was is mitn Ring? Den möcht i aa!
I glaab, du wuist mi bscheißn, ha?«

Da werd der Alberich kaasbleich.
»An Ring? – Nur über meine Leich!«
Und druckt den Roafn todbewußt
an sei behaarte Hennabrust.

Der Wotan koa Erbarmnis kennt,
reißt eahm den Roafn aus de Händ,
des letzte und des beste Stück.
Der Loge löst den Kaiwestrick.
»So, Alberich, des waars für heut!
Tua di net ärgern und sei gscheit.
I wißt net, was a Kloana soit
mit so vui Macht und so vui Goid!
Du daazt damit nur Blödsinn treibn!
A Kloana soi a Kloana bleibn!
Mir Götter brauchas zum Regiern,
des muaß doch nei'geh in dei Hirn.
Woaßt, Macht, des is nix für de Kloan,
verstehst? – und jetzt gehst schee brav hoam!«

Ma muaß versteh, was jetzt duat gschehng.
Der Zwerg hat se ois Herrgott gsehng.
De Macht vom Ring in seine Händ –
do hat er si im Rausch darennt.
De ganze Welt ghört jetza eahm,
und wer dagegn is, der muaß sterbn!

Nur er schafft o, nur er alloa,
und alle andern müaßn doa,
was er se eibuid in seim Hirn.
Glei heut na woit er's ausprobiern.

Glei heut so woit er's kostn, d'Macht –
und d'Welt hätt gschaugt, wenns plözlich kracht!
Was war er für ein blödes Vieh!
Jetzt habn s'n pratztl, ois is hi.
Schier zrissn hätt's 'n voller Zorn.
»Ihr habts mi bschissn hint und vorn!«
Er hat in Bodn gstampft voller Wuat
und hat an Kopf kriagt rot wia Bluat,
hat Luft gschnappt und nach Wortn gsuacht
und dann auf bayrisch außegfluacht:

»Götter woits ihr sei? – Pfui Deifi!
Daß aa Probleme habts, begreif i,
doch – brockts euch moi a Suppn ei,
brauchts net so hinterfotzig sei!
An koide Füaß soids oisam sterbn,
da Boanafraß soi euch verderbn!
Und jeden, der den Ring besitzt,
soin s' schlagn, bis daß er d'Seel nausschwitzt.
Und wer ihn net hat, soi se giftn.
Und Mord und Totschlag soi er stiftn!
Verfluachter Goaßdreck, so ein Scheiß,
Varecka soi ois scheiberlweis!
Daß d' ruachad bist, des hab i gwißt,
bluatsaure Mare, so ein Mist!
Daß d' sowas zammbringst macht mi baff,
du haglbuachna Schlauderaff.
Du Grattler, du dafaida Wicht,
mit dei'm dafurchtn Wimmerlgsicht!
Gsottwampads Rindviech, Waglhund,
du Glaache, du dahauda Spund.
Du Kaiwe du, du Klätznsepp,
hoamduckada Granatndepp,
du Schliffe du, du Habergoaß,
samt deim verdammtn Göttergschmoaß.
De goidna Äpfe soin dafain,
euch in der Gurgl stecka bleibn,

bis zammabrechts und nimma könnts,
ihr zwoamoi gselchtn Himmestenz!
Ja, gega Kloane, da gehts o!
Ihr Hammen kemmts scho aa no dro!
Euch ziahngs no d' Füaß weg unterm Bauch,
Ihr Ruachaköpf, ihr Klätzndauch!«

So hat er Gift und Galle gspiebn,
de Augn hats eahm glei außatriebn.
Dann duat er nomoi einen Schroa
und grawed in a Loch im Stoa.

Da kemma d'Riesn scho daher,
sie wartn nimma länger mehr.
De Freia habns glei mit dabei,
wias ausgmacht is, so muaß aa sei.
Sie möchtn 's Goid zum Berg aufgschlicht,
bis daß ma d'Freia nimmer siecht.
Scho legn s' de Brockan auf oan Hauf,
zum Schluß geht aa der Helm no drauf.
Daß 's letzte Batzerl is verdeckt,
werd aa der Ring no zuaweglegt.
Der Wotan schreit: »Ich blödes Vieh!
Des ganze Rheingold geht dahi!«

Was dann passiert, is intressant.
Der Fluch vom Zwerg is euch bekannt:
›An jedn, der den Ring besitzt,
soins schlagn, bis daß er d'Seel nausschwitzt.‹
Schon wirkt der Fluch des Alberich:
Der Fafner macht des Goid für sich.
Er haut an Fasolt oans aufs Gnack
und der foit zamm ois wia ein Sack.

Und was mitn Rheingold dann passiert,
in dera Gschicht uns net berührt.
Mir blattln heut net weiter füre,
des nächste Stück hoaßt »Die Walküre«.
Merkts euch für heut, ös liabn Leut;
daß Goid und Macht bringt wenig Freud.
Und was des Ganze eignlich soi,
verzähl i euch aa andersmoi.
Zum Schluß folgt mit Trompetenschall
der Göttereinzug auf Walhall!

So nimmt das Drama seinen Lauf.
Der Wotan schaugt zur Burg hinauf.
Er sagt zur Fricka und zur Freia:
»Das Bauwerk kommt mir ziemlich teia!

Der Kastn konn so schee net sei!
Doch jetzt is wurscht, jetzt ziahng ma ei!
Du, Fricka, hoist a guates Tröpfe,
du, Freia, bringst glei goidne Äpfe.
De kemma sofort aufn Tisch,
dann san ma wieder jung und frisch.
Uns Götter bringt ma net zu Fall –
Sei mir gegrüßt, o Burg Walhall!«

Die Walküre

oder
Das Heldendrama am Watzmann
Frei nach der Oper von Richard Wagner

Vorspruch

Leut, glabts mas, was i euch jetzt sag,
– so gern ma anders denka mag –
as Lebn is weithi nur a Schlacht
um Geltung, Eigennutz und Macht.
Und was im Vordergrund passiert
und unser Herz so leicht berührt,
an Liabschaft, Freundschaft, Politik,
wenn welche ziahng am gleichn Strick,
von Eintracht redn mit lautm Mund –
im allerletztn Hintergrund
leit oft nur oans des ganze Strebn:
der Drang nach Macht und Überlebn!

So geht's aa da in unsrer Gschicht
– aa wenn mas net so offn siecht –
im Letztn um a oanzigs Ding:
um d'Macht vom Nibelungenring!

Erster Akt

Germanersippn, wia bekannt,
habn sehr oft Kriag gführt mitanand
Der Siegmund hat in jungen Jahrn
scho bitterböses Leid erfahrn.
Sei Muatter habn s' am Herd erwürgt,
sei Zwillingsschwester wegagführt,
verzogn auf Nimmerwiedersehng,
es san scho gscherte Hammeln gwen.
Sein Vata, muaß i leider sagn,
habn s' gestern erst im Woid daschlagn.
So rennt der Siegmund, unser Held,
im Kampf versprengt quer über's Feld.
Sei Waffenrüstung war verlorn,
er hat nix ghabt mehr hint und vorn.

Im Woid suacht er an Platz für d'Nacht,
weil er 's net länger mehr damacht.
De ganzn Boana dean eahm weh.
So bleibt er vor a Hüttn steh,
geht einfach nei und schaugt se um.
Koa Mensch is drinna in der Stubn.
Nix rührt se, neamand kimmt daher
und doch is d'Hüttn scheint's net leer.
Sie muaß bewohnt sei, des is gwiß,
weil alles so schee aufgraamt is.
Doch weil eahm weh duat 's ganze Gstell,
flackt er se auf a Bärenfell
am Fuaßbodn neban Ofa dro,
macht d'Augn zua und fangt 's Ruaßln o.

Da kimmt a junge Frau in d' Stubn
und wia s' den Mo siehgt, reißt ses rum.
A Fremder! Mei, der Mo is krank!
Jetzt macht er d'Augn auf, Gott sei Dank!

Der Blick! Ihr Herz fangt 's Zittern o.
»Werst gwiß an Durscht habn, guater Mo!«

Sie gibt eahm Wasser aus an Horn.
»Jetzt fui i mi wia neugeborn!«
sagt er, nachdem er trunka hat.
»Jetzt möcht i bloß no wissn grad,
wer mir de Labung hat gewährt
und wem de schöne Hüttn ghört.«

»Der Hunding«, sagt s', »des is mei Mo
und dem ghört aa de Hüttn da.
Bei uns is gmüatlich, oder net?
Woaßt was, jetzt trinkst a wengerl Met!«

Sie schenkt den süaßn Saft eahm ei,
hängt selber zerst ihr Züngerl nei.
Ma woaß, des san so Weibertricks.
Der Siegmund siehgt nur sie, sonst nix,
und trinkt an Met aus ohne Müah,
der geht ins Bluat wia Wiesnbier.

Da kimmt aa scho der Hunding rei.
An Siegmund foit nix bessers ei,
er gibt an falschn Nama o
und sagt, er suachad irgendwo
nach einer Jungfrau, de mit Gwoit
a ungliabts Mannsbuid heiratn soit
und drum waars allerhöchste Zeit,
daß er sie von dem Kerl befreit.

Der Hunding is se sofort gwiß,
daß er desselbig Mannsbuid is.
Er sagt zum Siegmund: »Horch moi zua:
du konnst gern dableibn bis morgn fruah.
Du bist in Not, du kriagst an Platz,
jedoch morgn fruah, da ghörst der Katz.

Du bist der Feind von meiner Sippn,
drum kriagst mei Messer zwischn d'Rippn.
Doch 's Gastrecht is natürlich heilig,
da is ois ander net so eilig.
Des sella Mannsbuid, des bin i.
Schlaf guat, morgn früah dastich i di!«

Rasch geht der Hunding aus der Stubn
zum schlaffa in sei Kamma num.
Der Gast hat eahm scho glei net gfoin,
jedoch, was hätt er macha soin ...
Der Kerl, des siecht ma ganz genau,
hat Ähnlichkeit mit seiner Frau.
»Sieglinde«, sagt er, »schau mi o,
i fürcht, daß i net schlaffa ko.
Der Kerl da drübn der paßt mir net.
Du steigst sofort zu mir ins Bett.
Z'erst schüttst ma no a Trankal zamm,
oans mit an Spritzer Baldrian,
net zvui, na wer i zeitig wach!
Was schaugstn so, kumm, mach dei Sach!
Glei wenn i aufsteh muaß er sterbn,
na brauchst koa Frühstück mehr für eahm.«

D'Sieglinde hat eahm 's Trankal gricht,
so hinterrücks, daß er net siecht,
wia s' eineschütt den ganzn Saft,
damit er grad mit Fleiß verschlaft.
Der Hunding merkt nix und schluckts no
und fangt sofort as Schnarcha o.

Der Siegmund sizt drübn in der Stubn
und schaugt se grad a wengerl um
und denkt se, so a dumme Gschicht:
i wart jetzt, bis mi der dasticht.
I hab koa Schwert und aa koa Axt,
a blöde Sach, konnst sagn, was d' magst.

Und wenn i auf mei Kraft vertrau
und eahm mei Faust an Schädl hau,
im hoaßn Zwoakampf in der Fruah,
dann sticht der Hundling vorher zua,
rennt mir sei Schwert – grad wias eahm taugt –
in d'Brust nei, daß hint außaschaugt.
Und geh i auf eahm los mitn Stui,
dann hab i aa a unguats Gfui.
A Stui, a Tischfuaß und so Graffe
– des is koa ehrenwerte Waffe.
So schaugt er ratlos um sich rum
ob er net findt a passend's Trumm.
Da gibts eahm auf amoi an Riß!
– Ob des net jetzt a Wunder is? –

Im Hunding, liabe Leut, is gsteckt
ein ganz moderner Architekt!
Er hat inmitten seiner Stubn
an Baam ghabt, so a Riesntrumm.
Der streckt de Äst wia lange Arm
durch's Dach, wo Löcher drinna warn.

Und was steckt drin im dickn Stamm? –
A Schwert! A Schwert! – Ma möchts net glaam!
Zwoa Meter lang bis hi zum Knauf,
da gang a Ochs ois Schaschlik drauf!
Jetzt ko eahm gar nix mehr passiern,
jetzt soi 's der Hundling nur probiern!
Doch so weit kummt 's net, liabe Leut,
die Tür geht auf, an Meter weit,
aus der Kammer schwebt d'Sieglinde,
ziemlich unzweideutig find i.

»Hab nur koa Angst, mei liaber Schatz,
der Hunding schlaft ois wia a Ratz!
Er hat mi um an Schlaftrunk bitt,
i hab eahm Baldrian nei'gschütt,

den ganzn Vorrat, den i hab,
da schlaft er bis morgn nachmittag.
Mir is so komisch in der Brust,
wia i di gsehng hab, hab i gwußt:
du bist der Held, du hast de Kraft,
du bist der oanzge, der des schafft!

Siehgst da des Schwert im Eschnstamm?
Ziahgs raus, na geh i mit dir zamm!
Des hat a Fremder einegstessn,
wia mir beim Hochzeitsmahl san gsessn.
I moan, i hör ihn heut no redn,
so voller Gheimnis is er gwen.
›Wer's rausziahgt‹, hat er gsagt der Mo,
›dem ghört des Schwert!‹ und is davo.
Inzwischn haon 's scho vui versuacht,
habn zogn und gschwitzt und gschnauft und gfluacht,
daß eahna d'Augn hat außabatzt,
des Schwert steckt drinna, grad wia gmatzt.
Es rührt se um 's Varecka net,
doch der, der jetza vor mir steht,
– mei bebends Herz mi net belüagt –
du bist der Mo, der 's außaziahgt!«

In dem Moment duat's einen Krach,
der Frühlingswind braust über 's Dach
und reißt, grad wia mit Geisterhand,
de Tür auf an der hintern Wand,
so daß ma auße siehgt in d'Nacht
mit ihrer ganzen Lenzespracht.
Der Wonnemond am Himmel glänzt
und hat sein Honig runtertrenzt,
der auf de Wipfen sich ergiaßt
und über Zweigerl runterfliaßt,
sich ausbroat über Gras und Moos.
Im Dickicht drin is aa was los,
da singt a Vogerl wunderbar,

daß endlich, endlich Frühling waar.
Daß d'Winterstürme san vorbei ...
Da schreit der Siegmund: »Jetzt muaß sei!
Des Schwert muaß raus, ko's geh wia's wui!
Sieglinde, oh, i hab des Gfui,
daß Liebesgluat mei Herz zerfrißt,
i ahn', daß du mei Schwester bist!
I steh zu dir, mir zwoa ghörn zamm!
Raus mit dem Schwert da aus'm Stamm!«

D'Sieglinde schmeißt se an sei Brust.
»O Bruaderherz, i hab's doch gwußt,
daß du mei Retter bist, mei Held!
Nix trennt uns mehr auf dera Welt!«

Scho geht der Siegmund hi zum Baam
und ziahgt des Schwert – ma möchts net glaam –
mit einem Rucka aus'm Holz.
»Sieglinde!«, schreit er voller Stolz:
»Jetzt san ma frei, jetzt geht's dahi!
I kämpf jetzt nur no mehr für di!
Und wenn uns Tod und Deife droht,
des Schwert huift uns aus aller Not.
Jetzt haun ma ab, du ghörst jetzt mir!«
Scho rennas oi zwoa naus zur Tür.

O Wonnemond, o hoaßes Glück!
De brennad Liab kennt koa Zurück!
Und was na drauß im Woid habn do,
des denkts euch selm, mi geht's nix o.
Ganz damisch warn s' vor lauter Gluat.
Ma fragt se: Geht denn sowas guat?
Bruader, Schwester – paßt des zamm,
normalerweise – i glaabs kaam.
Doch was bei Meister Wagner steht,
des müaßts euch merka, Leut, des geht!
Bruader, Schwester, wias grad kimmt,

am End kriagn s' gar mitnand a Kind? –
Scheints hat er se da gar nix gschissn.
No ja, der Richard werd's scho wissn.

Der Hunding schnarcht no in der Fruah.
Erst wia's scho geht auf Mittag zua,
da macht er d'Augn schee langsam auf
und schaugt schnurgrad zur Decka nauf.
»Sieglinde«, sagt er, »d'Nacht is rum,
i steh jetzt auf und geh in d'Stubn
und stich dem Kerl mei Messer nei.
Du bleibst so lang no liegn dawei.
Und hab ihn na auf d'Seitn graamt,
dann ess ma 's Frühstück mitanand.
Na siehgst koa Bluat in aller Fruah,
na, Schnuggale, was sagst dazua?«

Der Hunding draaht se langsam um.
»Sieglinde, he, de Nacht is rum!«
Dann siecht er 's laare Bett von ihr
und rumpelt auf ois wia a Stier
und rennt im Hemad nei in d' Stubn.
»Sieglinde, he, wo bist denn, kumm!«
Dann schaugt er hi zum Eschnstamm,
und woaß na, daß 'n bschissn habn!

As Schwert is weg und aa sei Wei!
Er hupft in d'Hosn mit an Schrei,
nimmt schnell an Prügl in de Händ
und is zur Hüttn außegrennt.

Zweiter Akt

De Gschicht mit Siegmund und Sieglinde
verbreit se schnell in alle Winde.
Koa Wunder, daß der ganze Fall
sich rumratscht auf der Burg Walhall.
Der Wotan is sofort im Bilde
und ruaft ois erstes nach Brünnhilde,
de ois Walküre macht ihrn Dienst,
ein schönes Weib, wias d' seltn findst.
Da mischt se d'Fricka ei, sei Wei,
de is hoit überoi dabei.

Der Wotan hat scho seinen Plan:
er möcht an Hunding abgmurkst habn,
bevor an Siegmund er daschlagt.
»Den brauch i nämlich!« hat er gsagt.
»Denn aufn Siegmund konn i baun,
der muaß ma 's Rheingoid außahaun!«

Doch d'Fricka sagt: »Des is a Schmarrn,
den spannst du nicht vor deinen Karrn!
Du derfst net moana, i bin blind.
Der Siegmund is dei ledigs Kind
und aa d'Sieglinde is von dir!
De Kinder könna nix dafür.
Wenns du nur siehgst an Weiberrock,
du runterkummna Hurenbock,
dann gehst scho los ois wia a Stier.
Was laffa Kinder rum von dir!
Schaama müaßt ma se für di.
Werst sehng, du machst di selm no hi.
Du bist a Gott, machst soichn Mist!
I woaß, daß du's aa gwesn bist,
der 's Schwert hat einegsteckt in Baam,
daß alles laft genau nach Plan.
Und jetzt laßt gar a Bluatschand zua!

Pfui Deife, sag i, mir waar's gnua!
Was kimmt aus dera Sach scho raus? –
Der Bankert derf mir net in's Haus!
Der Hunding muaß d'Sieglinde kriagn
sonst gibts an Krach, daß d' Fetzn fliagn.
I wui de Lumperei net habn,
i gib net nach, des derfst ma glaam!
Schau, daß de Gschicht in Ordnung kimmt,
bevor d'Sieglinde kriagt a Kind!
Der Bankert daat mir heut scho leid.
Jetzt schwörst ma auf der Stell an Eid ...«

»An Eid?« Dem Wotan platzt der Kragn.
»Na guat, damit ma uns vertragn.
Der Hunding soi d'Sieglinde kriagn,
d'Brünnhilde werd de Sach scho biagn.
Dann werd de Gschicht in Ordnung bracht.
Mein schönes Rheingold, guate Nacht!
Wenn jetzt der Hunding in seim Zorn
zum Schlag aushoit, is ois verlorn,
denn nur der Siegmund waar imstand,
nur er hätt's in der starkn Hand,
daß er mir 's Rheingold wieder bracht,
an Ring und damit alle Macht.
Doch wenn der Hunding ihn daschlagt ...
So, Fricka, jetzt is alles gsagt.
Du bist ein Weib, verstehst es nicht,
für di guit nur die Ehepflicht.«

»Genau so is«, sagt d'Fricka hart,
»du woaßt, was i von dir erwart,
und weiter hab i nix zum sagn.«
Sie draaht se um und steigt in Wagn,
hühott, hühott, scho fahrts davo
und zruckbleibn duat a gschlagna Mo.
Der Wotan hat zu nix mehr Lust.
Daß sie dagegn ist, hat er gwußt,

doch is' no nia so happig gwen.
Verfluachter Mist, is des a Lebn!
Net moi ois Gott hast mehr dei Freud,
nur zwengs dem blädn Weiberleut!
De mischt se doch in jede Sach
und dauernd hat er mit ihr Krach!
Vor Ärger möcht er schier vergeh.
Schee staad verdämmern, des waar schee!
Und nix mehr wissn von dem Kaas!
So flackt er se stoamüad ins Gras.
Da kimmt d'Brünnhilde scho daher.
»Sag, Vata, brauchst mi nimmermehr?
Du hast ma gruafa, is was los?«

»Ja, sitz de her zu mir ins Gras!«
D'Brünnhilde war a folgsams Kind
und setzt si nebn ihrn Vata gschwind,
und der verzählt ihr ois was war,
vom Rheingold und der großn Gfahr,
daß alles nimmt a grausligs End,
kaam nur der Ring in falsche Händ.
»Der Siegmund«, sagt er, »waar der Mo,
der mir des Gold beschaffa ko.
Doch d'Fricka hoit, de dumme Goaß,
moant, daß sie alles besser woaß.
Der Hunding, sagt s', muaß bleibn am Lebn,
d'Sieglinde werd eahm wieder gebn.
Der Siegmund aber, der muaß foin!
O mei, was hätt i macha soin!
Du woaßt ja, wia mei Oide denkt,
wia de oan zuasetzt und bedrängt.
Moralisch is ma überlegn,
drum los, Brünnhilde, jetzt muaß gschehng!
Du sorgst dafür, daß ois so kimmt,
so wia 's de Fricka hat bestimmt.
Dua ja schee folgn, sonst gibt's an Krach!
Los, jetzt reit zua und mach dei Sach!«

D'Brünnhilde legt ihr Rüstzeug o
und macht se auf ihrn Gaul davo.
Ob s' duat, was ihr der Vata sagt,
erfahrts jetzt glei im letztn Akt.

Dritter Akt

Es muaß am Watzmann gwesen sei:
in Berg senkt sich a Sattl nei
und links und rechts a gaacher Spitz,
grad wia a ferner Göttersitz.
Im Sattl hatschn s' staad dahi,
vorn geht der Siegmund, hintn sie.
Noch immer brennt de hoaße Liab,
doch d'Stimmung is a wengerl trüab.

»Der Hunding hat a schnelles Roß,
oh Siegmund, sag, was dua ma bloß,
wenn der uns eihoit dann is aus!«

»Geh weiter, mach dir do nix draus!
I *wui* doch direkt, daß er kimmt!
Na kriagt er oane auf'n Grind.
Schau her, des Schwert, des Riesntrumm,
oa Schlag damit, scho is er stumm.«

Da fangt d'Sieglinde 's Woana o.
»Woaßt, Siegmund, er is hoit mei Mo!
I mag ihn net, des gib i zua,
und trotzdem find i hoit koa Ruah.
I bin eahm durchbrennt wega dir.
O Siegmund, mei, es kost' mia Müah,
daß i dir sag, wia's um mi steht!
Ob des mit uns zwoa zammageht?
Woaßt, Bruader – Schwester duat net guat!
Und Kinder aus'm gleichen Bluat!
Wenn i da drodenk, werd mir Angst.
Moanst net, daß besser waar, du gangst
alloa dein Weg und laßt mi steh? –
Und duat ma 's Herz aa no so weh ...
Du woaßt, i liab nur di alloa –
O Siegmund, sag, was soi i doa?«

Da ziahgt er sie an seine Brust.
»Sieglinde, habn mir net ois gwußt? –
Wia's kummt, so kummt's, mir habn uns gern.
Werst sehng, uns leit a guater Stern!«

Da hörn s' auf oamoi ein Geklirr,
und scho kimmt aus dem Felsgewirr,
bewehrt mit Rüstung, Schild und Speer
d'Brünnhilde auf de Zwoa daher.
»He, Siegmund«, ruaft s', »mit dir is aus!
Du gehst jetzt hoam ins Vaterhaus!
Der Wotan sagt, du muaßt jetzt sterbn,
du waarst a ledigs Kind vo eahm.
Es schickt se net, daß d' zammagehst
mit deiner Schwester da, verstehst.
Sie is dir deswegn aa verwehrt,
weil sie dir rámlich gar net ghört.
Sie ghört an Hunding und net dir,
du laßt de Finger weg von ihr!
Der Hunding kimmt jetzt glei daher
und oans geht drauf, du oder er.
I werd mein Schutz – Befehl vo eahm –
an Hunding leihn und du muaßt sterbn.
Wenns d' tot bist kimmst auf jedn Fall
zum Wotan aufe nach Walhall.
Des moan i, waar a Trost für di.
Jetzt kimmt der Hunding, glei bist hi!«

Tatsächlich sprengt mit Schaum vorm Mund
der Hunding übern Felsengrund.
An Mordstrumm Prügl in de Händ.
Sei Gaul is wia der Deife grennt,
daß d'Funkn gschlagn hat aus'm Stoa.

»Was soi i in Walhall alloa?«
schreit da der Siegmund ganz entsetzt.
D'Brünnhilde schaugt a weng verletzt.

»Wiaso alloa? Jetzt redst an Schmarrn!
Zehn Madln hänga dir am Arm!
A jeder Held in Burg Walhall
hat seinen eignen Weiberstall.
Da feit se nix, des ghört zum Haus,
da is der Wotan scho drauf aus!«

Da reißt der Siegmund d'Arm in d'Höh
»Brünnhilde, konnst mit net versteh?
Dei Harem intressiert mi net,
begreifst denn net, um was mir geht?
Den Weiberstall, den könnts euch sparn!
D'Sieglinde muaß mit aufefahrn!
Moanst net, daß du des deixln konnst?
I liab nur sie und neamand sonst!«
Da ziahgt d'Brünnhilde d'Nasn nauf.
»Sie steht net auf mein Zettl drauf!
Davo is leider gar koa Red.
Nur du muaßt sterbn und sie no net.«

Was jetzt passiert, des megst nicht glaam
und Leut, de koa Verständnis habn
für des, was hoaße Liab vermag,
de werdn net fressn, was i sag.
Der Siegmund langt an Schwertgriff hi.
»I wui net tot sei ohne sie!
Des ganz Walhall des gfreut mi net,
wenn sie net stirbt und mit mir geht!
Sieglinde, ach du Wonnemund,
i woaß, es is mei letzte Stund!
Koa schönas Weib hats jemois gebn,
du bist des Höchste in mein Lebn.
I konn net sagn, wia i di liab,
doch is koa Unglück, wenn i stirb!
I nimm di mit auf meiner Roas,
weil i koan andern Ausweg woaß!
Die Burg Walhall leucht scho von fern,

Sieglinde, ach, jetzt muaßt du sterbn!
Entsetzlich, wenn i di so siech,
verzeih, wenn i di jetzt dastich!«

Scho hebt der Siegmund hoch sei Schwert,
a Stich in d'Brust is net verkehrt.
Da is glei tot und spürt koan Schmerz.
»Sieglinde, ach, dein zuckend Herz!«
Sie reißt zurück ihr dünnes Hemd,
der Busn quillt herent und drent.
Sie hoit eahm hi de zarte Haut,
da schreit d'Brünnhilde gellend laut:

»Hoit ei! D'Sieglinde braucht net sterbn,
de Gschicht muaß anders opackt werdn!
I schütz net Hunding, sondern di!
Du bleibst am Lebn und er werd hi.
Denn euer Liab ergreift mei Brust.
I hab des wirkle net so gwußt,
daß euer irdisch Liab so brennt!
Paßts auf, da kimmt der Hunding grennt!«

An Siegmund, wia er staunend siecht,
daß anders nausgeh soi de Gschicht,
haut's plötzlich rum, er woaß net wia,
hoit zruck sei Schwert no grad mit Müah.
»I woaß boid nimma, was i dua!«

D'Sieglinde macht ihr Hemad zua.
Und dann is scho der Hunding da,
springt grimmig von sein Pferdl ro.
Scho saust sei Prügl durch de Luft.
»Jetzt ghörst ma«, schreit er laut, »du Schuft!«
Hat wuatig auf'n Belle zuit,
d'Brünnhilde aber hoit ihr Schuid
dazwischn, daß nix ko passiern.

»Jetzt derfst koan Augnblick mehr verliern!
He, Siegmund, renn eahm nei dei Schwert,
so wia ses für den Lackl ghört!«

Der Siegmund hat sofort kapiert,
reißt hoch sei Schwert – was dann passiert,
des möcht ma wiederum net glaam,
denn plötzlich duat der Wotan nahn
und bricht akkrat in dem Moment,
wos d' moanst, jetzt gehts mitn Hunding z'End,
des Schwert vom Siegmund ausanand.
Der schaugt mit Grausn auf sei Hand …
Nur grad der Griff is eahm no bliebn!
Da packt'n d' Angst, »Brünnhilde, kimm!
I hab koa Schwert und gar nix mehr,
gib mir a Trumm zum zuaschlagn her!«

D'Brünnhilde aber rührt sie net
ois waar's ihr wurscht, wia's weitergeht.
Seitdem der Wotan kemma is,
hats offensichtlich selber Schiß.
Der Siegmund is mit laare Händ
schnell auf 'n Hunding zuawegrennt
damit er eahm an d'Gurgl fahrt,
der aber hat auf des scho g'wart,
haut eahm mit Wucht an Prügl nauf
direkt auf d'Schädeldeckn drauf.

A Augnblick und scho is gschehng,
der Siegmund foit in gstreckter Läng
auf d'Stoana hi und bleibt dort liegn.
Was irdisch war, is irdisch bliebn.
Sein neuer Leib fahrt nach Walhall,
direkt in großn Heldensaal.

Nach diesm Mord kimmt jetzt der Schluß.
Er war ein oanziger Verdruß.

D'Brünnhilde klaubt de Trümmer zamm,
de auf de Stoana rumglegn san
vom Heldnschwert, des Nothung hoaßt.
Dann is zu ihrem Pferdl groast
und reißt d' Sieglinde aa no mit.
Der Hunding schreit »Laß da, i bitt!«
Doch de zwoa Weiber sitzn scho
und reitn auf ihrm Gaul davo.

D'Sieglinde wui net mehr zu eahm,
des is eahm klar, drum wui er sterbn.
Es trifft ihn, daß i des no sag,
im nächstn Augnblick der Schlag.
Er ächzt und foit auf d'Stoana hi.
»I wui net lebn mehr ohne sie!
De Weiber san ja so verdorbn!«
Mit der Bemerkung is er gstorbn.

D'Brünnhilde reit ois wia der Wind.
Verzweifed sagt d'Sieglinde hint:
»I ko niamois mehr glücklich werdn,
geh laß mi runter, i möcht sterbn.«

D'Brünnhilde draaht an Kopf zu ihr
»Geh, sei net dalkat, bleib bei mir!
I konn dir nämlich prophezeihn:
du werst net lang alloanig bleibn.
Grad jetzt, Sieglinde, derfst net sterbn,
horch auf: du kriagst a Kind vo eahm!«

Erst spaater, wias glei finster war,
da sagt Brünnhilde: »Jetzt is gar.
I reit jetzt rechts nauf nach Walhall,
für die bleibt woi koa andre Wahl,
ois daß d' den Weg da gradaus gehst,
solang, bis d' vor a Höhle stehst.
Drin liegt der Nibelungenhort.
Der Riese Fafner wohnt da dort.
Dem bringst de Stücka von dem Schwert,
na werst scho sehng, was weiter werd.«

D'Brünnhilde reit alloanigs zua.
Sie findt heut gar koa rechte Ruah.
Sie traut sie schier dahoam net nei.
Der Wotan werd stinksauer sei,
weil sie net folgsam gwesn is.
Vorm oidn Herrn ham s' oisam Schiß.

Da steht er aa scho an der Tür.
»Brünnhilde!« schreit er, »Her zu mir!
Du Saufratz, du, i werd dir's lehrn,
des, was i sag, ins Gegnteil kehrn!
Konnst du net folgn, du freche Dirn?

I woaß, ihr Weiber habts koa Hirn!
Machts alles nur mit Herz und Gfui,
und koane tuat mehr, was i wui!
Du bist entlassn ab sofort
und kimmst an einen fernen Ort.
Soist schlaffa muatterseelnalloa
bei Tag und Nacht auf hartm Stoa!«

»Hör auf, des hab i net verdient!
Des war doch gar koa große Sünd.
Du hast verlangt, was d'Fricka wui
– und i hab ghandlt nach mein Gfui.
De hoaße Liab von dene zwoa! –
Du hättst bestimmt desselbe doa.«

Des findt der Wotan gar net schlecht.
»Insofern hast an wengerl recht.
Doch was i gsagt hab, des werd gmacht
du kimmst an d'Felsn no heut nacht!
Doch soi's a Hoffnung für di gebn,
a Möglichkeit zum Überlebn.
Rings um den Stoa soin Flammen sei,
bei Tag und Nacht a Feuerschei,
und nur der allergrößte Held,
der sich der Gluat entgegenstellt,
und durch de Flammen durcherennt,
und sich de Haxn net verbrennt,
und net vom Feuer werd verschluckt
und dir a Bußl aufedruckt,
der kannt di rettn ganz alloa ...
Jetzt fort mit dir zum Wendlstoa!«

Dort wo heut Oberaudorf liegt
und ma zum Wendlstoa naufsiehgt,
und aa weit drin in Bayrischzell,

am Sudelfeld war alles hell,
rings um an Wendlstoa hats brennt.
Manch tapfrer Held is einegrennt,
doch koana kimmt bis hi zum Stoa,
d'Brünnhilde schlaft und bleibt alloa.
Bloß oana hat des große Glück
und der hoaßt, wia des nächste Stück.
A Bursch is gwen mit Riesenkraft.
Ihr werds euch wundern, was der schafft.
Und daaz des heut no wissn mögn,
na blattlts um, – na werdses sehng.

Siegfried

oder
Der Kampf mit dem Drachenviech
Frei nach der Oper von Richard Wagner

Des Kind vom Siegmund kimmt zur Welt,
ma ahnt sofort: des werd a Held!
Sei Muatter stirbt, der Bua wachst her,
er geht bei einem Schmied in d'Lehr.
Der Bruader war's vom Alberich.
Der hat den Lausbuam gern bei sich
und zoagt eahm wia ma Waffn schmiedt
und brochne wieder zammakitt.
Boid ko der Lehrbua mehr wie er,
hat Trümmer Pratzn wia ein Bär,
und wias'n außetreibt in d'Welt,
des werd in diesem Stück erzählt.

Der Mime war a guater Schmied,
doch manchmoi kimmt er nimmer mit.
Wenn er a Schwert fürn Siegfried macht,
dann haut der's zamma, daß ois kracht!
Der Bua hat einfach zu vui Kraft
und obndrei steht er scho im Saft.
Boid gehts mit Weibergschichten o.
Der Mime is scho nimmer froh
und eines Tags in aller Fruah,
da sagt der Siegfried gradaus zua:
»Jetzt sagst mir, wer mei Vata is,
des möcht i do scho wissn gwiß.
Und wer mei Muatta war, sagst aa,
sonst bleib i nimmer länger da!«

Der Mime is a wengerl bös:
»Gib net so o, was waar denn des!
De Jugend haut ja schnell aufs Blech,
zerst ziahgt mas groß und na werds frech!
Dei Muatter is d'Sieglinde gwen,
hat gebn für di ihr junges Lebn.
Dein Vata – könnt s' ma grad no sagn –
hat oana in der Wuat daschlagn.«

Der Mime holt a brochas Schwert.
»Schau her, des hat dei'm Vata ghört.
Dei Muatta hat mir's damois bracht.
I hätt's gern wieder zammagmacht,
bloß woaß i net mit was und wia,
– und seitdem liegt des Glump bei mir!«

Der Siegfried springt wia gstocha hi
»Des is des rechte Schwert für mi!
Des richst ma her, so schnell ois geht,
in zwoa Stund schau i nach, wias steht!
Und ko i's bis dahi net habn,
na schlag i de ganz Bude zamm!«

Der Mime is a weng verstört,
»Was wuist'n mit dem Mordstrumm Schwert?«

Da platzt an Siegfried glei der Kragn.
»Zum Kaas schneidn wui i's gwiß net habn!
Los, geh an d'Arwad, Mime, kumm!
I wui in d'Welt naus mit dem Trumm.
Mir paßt's net länger mehr bei dir!
Der Woid is nimmer mei Pläsier.
Dauernd in der Schmiedn hocka,
zwischnnei moi Schwammerl brocka ...
Naa, naa, mei Liaba, jetzt is gar,
du woaßt, i kimm jetzt in de Jahr ...
Doch redn ma nimmer lang mehr rum.
In zwoa Stund, wenn i wieder kumm,
muaßt mit der Arwad fertig sei!
Was is denn? Schaugst so damisch drei!«

Der Mime is verzweifelt schier.
So lohnt der Saubua eahm de Müah,
de er zwanzg Jahr lang hi'verschwendt,
bloß daß er jetzt in d'Welt nausrennt!

»Siegfried«, sagt er, »liaber Bua ...«,
aber der hört nimmer zua,
springt scho über Moos und Stoa
und der Mime bleibt alloa.
Doch net lang, da kimmt scho wer,
pfeigrad auf sei Schmiedn her.
A Wanderer mit finstern Gschau.
Der Mime werd aus eahm net schlau,
wia der eahm sagt, er kaam weit her,
grad wia vom Jenseits ungefähr.
Er machad gern a kurze Rast
und foid eahm weiter net zua Last.

Der Mime macht a zwidans Gsicht,
hat brummt und eahm an Stui higricht.
»Woaßt«, sagt er, »i hab net vui Zeit.
I muaß des Schwert no schmiedn heut.
In zwoa Stund muaß des fertig sei!«
Dann blast er schnell ins Feuer nei.
»Da fangst am bestn gar net o!«
sagt da zu eahm der fremde Mo.
»A so a Krischbal schafft des nia,
da machst dir besser gar koa Müah!
Wett ma, daß du des net woaßt,
wia der tapfre Recke hoaßt
und was eahm für a Eigenschaft
gibt a soiche Wunderkraft,
daß er schmied'n ko des Schwert,
wia ses für an Moasta ghört?«

»Wia soi i wissn, Deifi nei,
wer woi der Wunderschmied werd sei!«
Der Mime hat a unguats Gfui.
Was woi der Depp da von eahm wui?

Da hebt der ander laut sei Stimm:
»Du armer Blechschmied, so vernimm!

Des Schwert is gsteckt im Eschnstamm
und nur a Held schmiedt's wieder zamm,
der nia im Lebn sich gforchtn hat!
A oanziga is so auf Draht!
A oanziga, der ko des gwiß,
der net moi woaß, was Fürchtn is!«

Da werd's an Mime zwoaraloa.
Angst fahrt eahm eine bis ins Boa.
Doch wia er fragn wui, wer des waar,
– sei Lehrbua woi, der Siegfried gar? –
da steht der Fremde plötzlich auf
und sagt koa oanzigs Wort mehr drauf,
koa Dankschön und koa Pfüadegod,
scheint's hat der Lackl des net not,
geht auße und verschwindt im Woid.

Der Mime woaß net, was des soit.
Wer kannt jetzt des woi gwesn sei? –
Ja freile, jetza foits eahm ei!
Wer führt scho so a gschwoine Red,
ois waarn de andern oisam blöd?

Ereignisschwanger, ungewöhnlich …
der *Wotan* war des höchstpersönlich!
Doch was der Kerl bloß von eahm wui?
Der Mime hockt se auf an Stui
und stützt sein dumpfn Kopf in d'Händ,
war des der Anfang scho vom End? –

Grad wia vorbei san de zwoa Stund,
da kimmt er scho der junge Spund.
»Wia habn mas, Mime, hast es gricht?«
Doch wia er na de Trümmer siecht,
de oiwei no net zammgmacht san,
da haut er eahm schier d'Schmiedn zamm.

»Los, Mime, bist a fauler Knecht!
Fangs arwadn o, sonst gehts dir schlecht!
Hast wieder zwoa Stund Brotzeit gmacht?
Jetzt hast no Zeit bis heut auf d'Nacht
und wenns dann no net fertig is …«

Da schreit der Mime voller Schiß:
»I brings net zamm, des derfst ma glaam,
nur oana kannt de Muskln habn:
der nia im Lebn a Angst hat kennt …«

»Los, Mime, schau daß 's Feuer brennt!«
Der Siegfried tritt zum Schraubstock hi.
»Wennst du net wuist, na mach's hoit i!«
Er nimmt a Raschbe in sei Hand
und feilt de Trümmer ausanand,
daß lauter kloane Bröckerl san.

De tuat er in an Tiegl zamm
und stellt s auf d'Gluat, daß flüssig werdn.
Der Mime schaugt eahm zua von fern.

Sei Gsicht is finster und verdruckt
und plötzlich is er zammazuckt ...
Wenn jetzt der Siegfried giaßt des Schwert,
dann laaft de ganze Gschicht verkehrt.
dann geht der auf den Dracha los!
Verdammter Mist, was dua i bloß?
Der is imstand und macht des Viech
maustot kaputt mit einem Stich.
Dann ghört der Nibelungenschatz
an Siegfried, diesem jungen Fratz!
Und aa der Ring, der Tag und Nacht
von diesem Lindwurm werd bewacht,
den nimmt der Gloiffe dann mit sich!
An Mime wurmt des fürchterlich.
Es muaß was gschehng, des derf net sei!
– Und scho foit eahm a Ausweg ei:

Des Drachnviech werd Feuer speibn
und höllisch umanandertreibn,
und geht der Wurm dann endlich ei,

dann werd der Siegfried durschtig sei.
Und dann is er – der Mime – schnell
mit einem frischn Trunk zur Stell,
da is a Pulver einegmischt,
des sauft er aus, daß grad so zischt.
Drauf werd's eahm sofort damisch und
scho foit er um, der junge Spund.
Dann bringt er 'n um und grabt'n ei
– dann is der Weg zum Rheingold frei!

Der Mime springt vor Freud in d'Höh,
ganz narrisch über sei Idee.

Der Siegfried schütt den Eisenbrei
schee langsam in a Gußform nei.
Ins koite Wasser no damit,
dann werd der Griff no onegschmiedt
und fertig is des Wunderschwert,
des eigentlich an Wotan ghört.

Der Siegfried schreit: »Jetzt gehts dahi!
Jetzt gibts koan Gegner mehr für mi,
den i net zammhau auf oan Schlag!«
Und strahlend wia der junge Tag
hebt er sei Schwert zur Decka nauf
und haut dann auf'n Amboß drauf
und der zerfoid, genau nach Maß
– ois waars a warmer Leberkaas –
grad in zwoa Hälfte ausanand.

»So, Mime, jetza bin i gspannt,
was auf mi zuakimmt in der Welt.
Jetzt bin i erst a rechter Held!
Ois erstes kimmt der Dracha dro,
was weiter werd, des sehng ma scho.
Und nix mehr hoit mi da am Ort!«
A Juschroa no – dann war er fort.

An Mime hats an Hintern ghaut,
und wia er zahm so nacheschaut,
da denkt er se: Di kriag i scho,
du junger Spund – kimmst aa no dro!
Der Schlaftrunk is scho zammagschütt,
den nimmt er in a Flaschn mit,
an hoibn Liter ungefähr...
scho rennt er hinterm Siegfried her...

Der wüaste Dracha ruaßlt grad,
nachdem er vorher gfressn hat,
was in sein Ranzn einegeht.
Jetzt liegt er da, an Schwanz eidreht.
Sei Anblick der war fürchterlich.
Vom Wesn her ein böses Viech,
hat er am Tag und in der Nacht
de ganze Zeit nix anders gmacht
ois gfressn, gschlaffa, Feuer gspiebn,
am ärgstn aber hat er's triebn,
wenn irgend so ein blödes Schaf
eahm gstört hat beim Verdauungsschlaf.
Dann is aus jedm Körperloch,
aa oft no zwoa drei Stund danach,
a Höllenfeuer außazischt,
mit Ruaß und Schwefedampf vermischt.
Dazwischen Gluat und schwarzer Rauch,
ois waar der Deife in seim Bauch.
Doch net der Satan war im Viech,
– der zoagt se net so öffentlich –,
der Riese Fafner steckt dahint
und wacht, daß neamand einekimmt
in d'Höhle, wo as Rheingold liegt.
Nur wer den schiachn Wurm besiegt,
hoit sich den Nibelungenring.
Fürn Siegfried war des woi a Ding!
Er kimmt daher mi'n Wunderschwert.
Der Fafner, wiarar schleicha hört,

macht d'Augn a paarmoi auf und zua
und schreit: »Verfluacht, i wui mei Ruah!«
Der Siegfried aber schmeißt an Stoa
und trifft genau sei Nasnboa.
Der Dracha ziahgt sei Schnauzn hoch
und zischt aus jedm Nasnloch
a Feuer raus, daß alles brennt.
Der Siegfried is auf d'Seitn grennt
und packt das Viech von hintn o.
Da schreit der Dracha: »Jetzt bist dro!«
und hebt sein meterdickn Schwanz,
der Siegfried is auf Draht und spannts
und springt dem Viech in d'Flankn nei,
da müaßt a toter Winkl sei.
Dort is der Kampf net leicht verlorn,
denn Feuer speibt er nur von vorn.

Da hebt der Drachenwurm sei Brust,
der Siegfried aber hat scho gwußt,
wo 's Herz is von dem wüastn Viech
und macht mi'n Schwert an tiafn Stich.
Der Riesenleib is zammazuckt
und hätt an Siegfried boid dadruckt,
wenn er net schnell auf d'Seitn springt,
– a Wunder, wia eahm des gelingt!

Der Dracha bleibt am Stoabodn liegn
und hat no oamoi Feuer gspiem.
Er kriagt vor Angst an Überdruck,
der Siegfried merkts und springt glei zruck.
Es war Erregung höchstn Grads,
aus alle Löcher spritzt der Baaz,
Schwefe, Ruaß und rote Gluat,
es war der Ausdruck letzter Wuat,
dann hat er no an Zuckra doa,
des schwarze Bluat rinnt übern Stoa.
Jetzt reißt er 's Maul auf, höchst ergrimmt,

bis zu de letztn Stockzähn hint,
speibt nommoi Feuer, Ruaß und Dampf,
dann geht zu End der Todeskampf.
De ganze Bosheit laft eahm aus
und gstunka hat's, es war a Graus.

Wia 's letzte Tröpfal rinnt davo,
da fangt er plötzlich 's woana o.
Der ganze Zorn is außegspiem,
nur Todesangst is übrigbliebn.
Wia oana, wenn's an End zuageht,
no schnell a Vaterunser bet,
so sagt er no mit letzter Kraft:
»O Siegfried mei, du hast es gschafft,
jetzt geht's dahi, i muaß jetzt sterbn,
drum wui i dir no was vererbn.
Wenns d' in die Höhle einegehst,
stehst plötzlich vor an Schatz, vastehst?
Den hat der Alberich verfluacht,
und wer damit sei Glück versuacht,
muaß oisboid sterbn, des siehgst an mir.
Drum, liaber Siegfried, rat i dir:
bevors d'n nimmst, denk drüber nach,
obs d' glücklich wer'n kost mit dem Sacn.«

Des war de letzte Red von eahm.
Dann hat er gsagt: »Jetzt muaß i sterbn,
es gibt koa Rettung mehr für mi!«
A Zuckra no, dann war er hi.

In der Brust vom Drachnviech
steckt des Schwert no von dem Stich.
Der Siegfried hat's schnell außazogn,
was dann passiert, is fei net glogn:
Sei Finger werd dabei voi Bluat,
er schlecktn ab – und des is guat.

Was wunderbars passiert mit eahm:
ois, was de Vögl zwitschern dean,
des konn er Wort für Wort versteh,
und scho piepst oana aus der Höh:
– A weng a Wunder möcht scho sei.
»He, Siegfried geh in d'Höhle nei
und nimm an Tarnhelm und den Ring,
des san ganz wunderbare Ding!«

Da rennt der Siegfried a scho zua
und siehgt se an dem Sach net gnua,
was in der Höhle ganz weit hint,
er ois für schöne Schätze findt.
Er nimmt an Tarnhelm und an Ring,
des ander Zeug des laßt er liegn,
rennt wieder auße aus'm Berg,
da steht vor eahm der Gartnzwerg.

»Mime«, sagt der Siegfried glei,
»was schleichst di hinter meiner drei'?
Ich brauch di nimmer zu mei'm Glück,
de Schnufflerei de hab i dick!«
Der Mime bucklt bis zum Bodn.
»Sieg Heil, dir, großer Heldensohn!
Dastocha is des Drachnviech,
jetzt tuast saumüad sei, wia i siech.
Und weil des Kämpfn durstig macht,
hab i dir was zum Trinka bracht.«
Er giaßt a Flaschl nei ins Horn.
»Des trinkst, na bist wia neugeborn!

Der Vogl aber singt sogleich:
»Siegfried, net! Sonst bist a Leich!
Der Mime wui den Schatz alloa
und hat an Schlaftrunk einedoa.
Wenns d'eischlafst, na ersticht er di!
Beherrsch di, sonst is alles hi!«

An Siegfried packt der helle Zorn.
»Du schiacher Zwerg, jetzt bist verlorn!
Vergiftn wolltst du mi, du Schuft!«
Scho saust sei Riesenschwert durch d'Luft.
»A Baaze bist, des hab i gwußt!«
As Schwert sticht in sei Hennabrust.
Der Mime duat sein letztn Schroa
und foit dann leblos aufn Stoa.

Er kimmt jetzt nicht mehr vor im Stück.
Ma hat dadurch mehr Überblick.

Zum Schluß uns bloß no intressiert,
was mit dem Siegfried woi passiert.
Der siehgt se plötzlich recht alloa,
er braucht hoit irgendwas zum doa.
A Held steht ständig unter Dampf
und geht nix zamma mit an Kampf,
so fahrt er auf an andern Gleis,
wo Dampf abgeht auf zarte Weis.

Scho singt der Vogl aufm Ast:
» O Siegfried, nur koa falsche Hast!
I woaß, du fühlst dich so alloa,
i fliag voraus zum Wendlstoa!
Des, was du brauchst, des is a Wei,
drum gehst jetzt hinter meiner drei.
Dann werst du sehng am Gipfe obn
a wunderscheene Weibsperson.
Doch buid dir ja net ebba ei,
du brauchst bloß higeh, scho ghörts dei!
Da kaam a jeder Depp daher,
waar ringsum net a Flammenmeer,
durch des ma durch muaß, gehts wias wui.
Scho mancher Held war fast am Zui
und is dann doch zum bittern End,
wia eine Bratwurst zammabrennt.

Es hoaßt: es daat an Heldn gebn,
der niamois Angst ghabt hat im Lebn …«

»O liaber Vogl, des bin i!
Los, fliag, i möcht sofort dort hi!
Des Wei muaß her, egal wia's geht,
was aa paasiert, i fürcht mi net!«

Der Siegfried stoßt an Brunftschroa aus.
»Los, liaber Vogl, fliag voraus!
I brauch a Wei, des derfst ma glaam!«

Da hebt der Vogl sich vom Baam.
»So komm«, piepst er, »ich bin im Bilde:
da gibts nix anders, wia d'Brünnhilde!«

As Feuer brennt am Wendlstoa,
am Gipfe obn schlaft ganz alloa
a guats Stück weg vom Felsnrand,
d'Brünnhilde in ihrm Panzergwand.
A Wunder, daß ses no net zwickt,
wo s' scho drei Jahr lang droma liegt.
Sie schlaft dahi in einem Stück,
sie werd net mager und net dick.
Sie trinkt nix, net amoi Kaffee,
drum muaß a net zum bisln geh.
Aa geßn hats nix de drei Jahr,
so daß koa Grund zum Aufsteh war.
Sie werd net runzlad und net oid,
net überhitzt und aa net koit,
bleibt euwei schee gleich temperiert,
und hat se no koa bisserl grührt
und niamois sich auf d'Seitn draaht,
wenn grad a koiter Wind herwaaht.
Sie werd net bucklad und net krumm,
sie bleibt gleich gscheit und aa gleich dumm.
Sie hat nix draamt und aa nix gspürt,
sie war aufs beste konserviert.

A Zuastand von besondrer Art,
der oan zwar mancherlei erspart,
jedoch wer schlaft, versaamt a vui.
Wer überoi dabei sei wui,
weil er im Lebn was leistn möcht,
für den is dauernd schlafa schlecht.
Und so verstandn is a Straf
der ewig lange Götterschlaf.

Leicht kunnt ma sagn, des waar net schlecht,
wenn oans sei Wei erhoitn möcht,
daß ewig jung blebt und gleich schee
und nia verstaubn daat und vergeh.

Daß er sich so a Mittl kaft,
damit sei Wei genau so schlaft.

Da muaß i sagn, des waar net guat,
– was nutzt a Wei, des ruaßln duat! –
Und Gott hat uns des bissal Lebn
zum Lebn und net zum Schlafa gebn.

Wia gsagt, des Mittl waar a Schmarrn,
doch daß ma jetza weiterfahrn:
Vom Inntal rauf in aller Fruah
da kraxlt wer an Gipfe zua.
Der Siegfried war's, der junge Held,
rennt wia a Gams durchs Stoanafeld
und wia er dann vorm Feuer steht,
da schreit er laut: »I fürcht mi net!«

Da tritt a Mo eahm in de Quer,
hat in der Hand a Mordstrumm Speer
und sagt zu eahm: »Was foit dir ei!
Du laßt de Finger von dem Wei!«

Der Wotan war's, der oide Herr,
eahm gfoit de Gschicht scho längst net mehr.
Wenn eahm der Bankert pfuscht ins Gäu,
is leicht mit seiner Macht vorbei.
»Schaug, daß d' di schleichst, du junger Spund!
Des Feuer brennt aus guatm Grund!
Du laßt des Wei da drobn in Ruah,
hab, wo i hischaug, Ärger gnua!«

Der Wotan reißt sein Speer in d'Höh.
»Jetzt sei net so verruckt und geh!«
Da hebt der Siegfried aa sei Schwert.
»Und i sag, daß de meine werd!«

Scho foit er übern Wotan her,
as Schwert saust runter aufn Speer
und bricht'n mittn ausanand.
Da hat der Wotan endlich gspannt,
daß wenn a Mo steht in der Brunst,
a jedes Mittl is umsunst.

Der oide Gott steht ohne Schwung,
er fuit de große Dämmerung,
boid geht's dahi mit seiner Macht,
nix bleibt mehr von der ganzn Pracht.
Sei Bappn hängt eahm bis zur Brust,
es fehlt eahm plötzlich jede Lust.
Dann sagt er dumpf: »Na gehst hoit zua!
I hab den ganzn Schmarrn so gnua,
Neamd tuat mehr des, was i eahm sag,
so werd des Götterlebn zur Plag.
I geh jetzt aufe nach Walhall,
suach Trost bei meinem Weiberstall.
Dort geht der Ärger zwar net aus,
wenns d' so vui Frauen hast im Haus,
muaß dauernd Differenzn gebn,
's is nimmer schee des Götterlebn ...«
A müader Blitz is runtergfahrn,
und nimmt an Wotan unterm Arm
und hebt'n hoch in d'Woikn nei.

Jetzt is der Weg für'n Siegfried frei!
Er hat koa bissal Angst net kennt
und is ins Feuer einegrennt.
Was dann passiert is wundersam:
de ganzn Flammen brecha zamm!
Verlöschn duat de rote Gluat,
der Siegfried schreit: »Jetzt siech is guat!
Des Wei, wia's liegt am Gipfe drobn,
oa Felsn no, na bin i obn!«
Scho is er siadad noaß auf sie

und springt wia eine Gams dahi.
Koa Stoaschlag konn ihn hoitn mehr
und kimmt a gaache Wand daher,
nix is eahm z'bröcklad oder z'steil,
er braucht koan Hakn und koa Seil.
Und nach a guatn hoibn Stund,

da steht er obn am stoanan Grund
und schaugt net naus ins weite Land,
es gibt nur oans für sein Verstand:
des Wei, des dort am Felsn liegt!
Doch was er da so blitzn siehgt,
is doch koa Gwand net von an Wei!
's schaugt aus, ois daats a Mannsbuid sei!
Verfluachter Goaßdreck, jetzt werds recht,
wo er ein rundlichs Weibsbuid möcht,
liegt da mit brettlebner Brust
– des nimmt oan glei de ganze Lust –
ein Kerl mit einem Panzerhemd,
ja kruzitürknschlapprament!
Der Kopf is mit an Helm bedeckt,
nur 's Gsicht, des is a wengerl gschleckt –,

Umsonst de ganze Kraxlerei,
des is a Mo und nia a Wei!

Der blöde Vogl drunt im Woid,
den wenn er siecht, den macht er koit!
Der hat'n herglotst mit seim Gsang,
an hoibn Tag an Inn entlang
und dann no rauf zum Wendlstoa,
jetzt steht er da und konn nix doa,
weil da – des hat der Vogl gwußt –
a Mo liegt mit a blechan Brust.
Da kriagt der Siegfried eine Wuat,
und reißt dem Mannsbuid, des da ruaht,
den Helm vom Kopf mit einem Ruck,
da hauts'n aa scho machtig zruck,
denn unterm Blech quillt wunderbar
a langes, blondes Lockenhaar!

Du liaber Himme, ko des sei?
Des, was da liegt des is a Wei!
Der Siegfried hat se nimmer kennt,
reißt wia varuckt am Panzerhemd.
Des langt se o ganz brettlebn,
– an Reißverschluß hats no net gebn –
des bringt'n schier um sein Verstand,
des Wei is einegschmiedt ins Gwand!
's is höchste Zeit, daß auszogn werd!
Scho langt der Siegfried an sei Schwert
und schneidt des Eisnglump entzwei
– jetzt liegt der holde Busn frei!
O zarter Anblick! Welche Lust!
Der Siegfried hat ja no net gwußt,
daß so was mollads wachsn ko,
des scheenste Spuizeug für an Mo!

Er saugt se fest mit hoaßer Gier
und konn se nimmer hoitn schier.

Erst wiar er geht auf hoibe Kraft
und sie no euwei weiterschlaft,
da kriagt s' a Bussl aufn Mund,
da duats auf oamoi stöhna und
– macht d'Augn auf, strahlend hell und süß,
jetzt siecht er's erst, wia schee sie is
und druckt s' an sich, daß fast erstickt.

»O Siegfried, Held, ich bin entzückt!
Drei Jahr lang lieg i scho da rum,
wia eine Tote steif und stumm
und ko nix denka und nix redn
und mir net oamoi d'Füaß vertretn.
A harte Straf, des sag i dir!
O Siegfried, Held, jetzt ghörst du mir!
Du bist mei Mo, i liab des hoaß,
ganz wurscht, ob des der Wotan woaß!
Der hätt mei Rettung außegschobn,
bis i dafeit waar da herobn.
Doch jetzt is alles Leid vorbei!«

»Brünnhilde, mein geliebtes Wei!«
sagt er und druckt s' wia wuid an sich.
»Dei Schicksal, des war fürchterlich!
Doch wia's du sagst, jetzt is vorbei.
Erlaubst as scho, i bin so frei ...
Hast nix dagegn, wenn i di trag,
du brauchst a weiche Unterlag!«

Er hebt s' in d'Höh und geht a Stück.
»Brünnhilde, jetzt kimmts 's große Glück!«
Dann legt er s' sanft ins weiche Moos
a Busserl no – und dann gehts los ...

Und damit san ma scho am End
und wer den Lauf der Dinge kennt,
der woaß, daß jedes Licht sich dreht,

zerst aufesteigt, dann untergeht.
Net ewig bleibt der junge Schwung
– am Ende folgt de *Dämmerung*.

Götterdämmerung

oder
Wia zum Schluß ois hi war
Frei nach der Oper von Richard Wagner

Vorspruch

Wer 's letzte Stückl hat verdaut,
der merkt scho, was se zammabraut.
Die Macht der Götter is boid aus,
der Wotan siehgt se nimmer naus.
Zvui Weibergschichtn is net guat.
Wenn sich vermischt des Götterbluat
mit irdischer Vergänglichkeit,
dann werd's aa für de Götter Zeit,
daß sie ihr Zeugl packa zamm
– des bisserl Macht, was grad no habn –
und in d'Versenkung einefoin,
denn was de Menschnkinder woin,
de Wotan in de Welt hat gsetzt,
– de kämpfn doch zuguaterletzt
für 's eigne Glück und net für eahm
und was mi'n gstoina Rheingoid dean,
des werdn ma jetza glei dalebn.
Der Reichtum hat an Deife gsehng!

Der »Siegfried« hat in Bayern gspuit,
für'n Schluß, da brauchts a anders Buid:
– de oidn Götter kriagn scho d'Reißn,
de »Dämmerung« passiert in Preißn.

In einer Halle obn am Rhein,
da sitzt bei einem Glaserl Wein
der König Gunter und sei Schwester
und außerdem a ganz a kesser
Recke, der sich Hagen schreibt,
der wo de zwoa zum Heiratn treibt:
»A König muaß verheirat sei!
I wüßt für di a saubers Wei!
Am Gipfe liegt 's vom Wendlstoa,

da schlaft sie muatterseelnalloa.
A Feuer brennt um sie herum.«

Der Gunter sagt: »Geh weiter, kumm,
moanst, daß i bis da nunter renn
und mir de Haxn recht verbrenn!
D'Brünnhilde waar mir zwar scho recht,
sie is der Typ, auf den i specht,
guat gwachsn mit a festn Brust,
auf sowas hätt i dengerscht Lust
und gang sofort zum Wendlstoa ...«

»I woaß, da bist d' a Nummer z'kloa!
Du brechast zamm vor lauter Angst
bevors d' ins Feuer einegangst!
Es gibt nur oan, der des dapackt,
und dir d'Brünnhilde wegaschnappt: .
der *Siegfried* ko des ganz alloa.
Er nimmt des Wei vom Wendlstoa!
Doch bleibt er nur oa Nacht bei ihr,
und kimmt er eines Tags zu dir,
dann schütt ma eahm a Trankal ei,
daß er vergißt des scheene Wei,
vergißt de Nacht vom Wendlstoa,
– dann ghört d'Brünnhilde dir alloa!«
Der Hagen war ganz groß in Form,
er is a Stückl größer wordn.
»Und du, Gutrune«, hat er gmoant,
und hat se nah zu ihr higloahnt.
»Jetzt kimmt erst no des allergrößt:
du kriagst an scheena Mo, verstehst,
des Saftal, des der Siegfried trinkt,
a hoaße Liab zu dir erzwingt!
Soboid er's gschluckt hat, geht's dahi,
werst sehng, na geht er los auf di!«

Gunter und Gutrune war'n
beim letztn Wort vom Stui hochgfahr'n.
Wias hoit so geht in so an Stück:
wer kimmt im nächstn Augenblick? –
Damit de Gschicht schnell weitergeht
und koa Verzögerung entsteht,
– Der Siegfried! Wia ko's anders sei!

»Da is er ja, der Held! Kimm rei!«
Der Gunter zoagt se hocherfreut,
»Ja weils d' nur da bist, des is gscheit!«

Der Siegfried sagt: »Mei liaber Mo,
i biet dir meine Dienste o.
I hab mei Schwert, des Nothung hoaßt,
des is a Wunderwaffe, woaßt!«

»Und was hast außerdem dabei?«
möcht da der Hagen wissn glei.
»Vielleicht an Nibelungenhort?
Was hast'n da für Zeugl dort?«

Der Siegfried zoagt an Tarnhelm her.
»Den hab i mitbracht und net mehr.
Des ander Rheingoid liegt no unt,
i wißt net, wia i's braucha kunnt.«

»Was is mi'n Ring, wo hast'n den?«
»Den hab i der Brünnhilde gebn.
I hab koa Meinung von dem Sach,
und was i mit dem Helm da mach ...«

Da schlagt der Hagn sich ans Hirn.
»Um Gottes wuin, tuan net verliern!
Der zaubert di an jedn Ort.
Du setzt'n auf – und scho bist fort!
Der Wunderhelm verwandlt dich

in jedn Mensch und jedes Viech.
Gib ja guat obacht auf den Huat,
der is für hundert Sachn guat!«

Kaam is der Hagn fertig gwen,
da steht d'Gutrune scho danebn.
Sie tragt a Trinkhorn in der Hand.
»Willkommen, Siegfried!« sagt s' scharmant.

Der Siegfried nimmt an tiafn Schluck
und scho gibts eahm an gaachn Ruck.
Der Zaubertrank verdraaht sein Sinn,
es reißt'n zur Gutrune hin.
»O schönstes Weib, o holde Lust!
A hoaße Liab zerreißt mei Brust!
I ko net sei mehr ohne di,
O sag, Gutrune, magst du mi?«

D'Gutrune schaugt'n gschamig o.
»O großer Held, i mag di scho!
I wißt koan bessern Mo für mi!«
Dann schaugts zu ihrem Bruader hi.
Der Siegfried hat sofort kapiert
und sagt zum Gunter tief gerührt:
»Ganz ohne Wei, des is a Mist.
Nachdem du jetzt mei Schwager bist,
bring i dir gern de rechte zua,
de mag di gwiß und is schee gnua:
d'Brünnhilde is vom Wendlstoa,
i hab mit ihr zwar nix zum doa . . .«

»D'Brünnhilde, naa, um Gotteswuin!
I wer doch net mi'n Feuer spuin!
I schwitz scho jetzt bei der Idee,
daß i für sie durch d'Flammen geh!«

»I woaß, des bringt nur oana zamm
und des bin i in Deifes Nam.
I setz an Tarnhelm auf und geh
– paß auf, du muaßt mi recht versteh! –
ois König Gunter hi zu ihr,
dann bring ich s' rum, des sag i dir.
D'Brünnhilde is dann ewig dein,
drauf trink ma jetzt a Glaserl Wein!«

Der Gunter hebt a Glas in d'Höh.
»Des is ja eine Pfunds-Idee!
Komm her, na trink ma Bruaderschaft,
daß alles reibungslos verlaaft.
He, Hagen, du trinkst aa glei mit,
besiegln ma den Bund zu dritt!«

Der Hagen hat recht gstinkad gschaugt,
eahm hat de ganze Gschicht net taugt.
»Machts ihr, was woits, mir is des wurscht,
i trink net mit, i hab koan Durscht.
I hab mit dera Gschicht nix z'doa!«
Der Hagen, der erstarrt zu Stoa.

Der Gunter drängt: »Mir fahrn sofort!«
Der Siegfried sagt: »Mei Schiff steht dort.
Rheinaufwärts habn ma ganz schee z'doa,
dann reit i num zum Wendlstoa.
D'Brünnhilde hat ma gebn ihr Roß,
a schneller Haflinger-Koloß,
reit pfeigrad über d'Woikn hi.
Du bleibst im Schiff und wartst auf mi.
Nach zwoa, drei Tag is ois vorbei
und du kimmst endlich zu deim Wei.«

So packt der Siegfried zamm sei Sach.
D'Gutrune schaugt eahm traurig nach,
wia er mi'n Gunter geht zum Schiff.

Scho hat er d'Ruader fest im Griff
und fahrt obwois stromaufwärts geht
und aa der Wind net günstig steht,
dahi mit einem Affenzahn,
zwoa Manner und a Roß im Kahn.

Der Hagen schaugt recht grimmig drei,
a Weibergschicht is net des sei.
Er denkt nur an a oanzigs Ding:
des is der Nibelungenring.
Wenn den d'Brünnhilde bringt daher,
dann waars doch gwiß für eahm net schwer,
daß er mit irgendwelche Schlich
den goidna Ring dann reißt an sich.
Potzdeifenei, dann waar er gstellt,
dann ghört eahm alle Macht der Welt!

So geht dahi de Lumperei,
a jeder denkt nur an des sei.
De ganz Moral is boid verhunzt
mit Zauber und Verwandlungskunst,
mit Luag und Truag und Hinterlist
a jeder sich sein Teil zuamißt.
Grad gschwindlt werd und ghetzt und glogn,
a jeder is mit einezogn,
ob Gott, ob Riese oder Held,
as Goid vergift de ganze Welt.
A jeder möcht de Macht für sich,
so wirkt der Fluch des Alberich!

Am Wendlstoa das Feuer brennt,
grad leuchtn tuat's herent und drent.
Die Flammen züngeln liachterloh.
D'Brünnhilde wärmt se d'Haxn dro.
Sie schaugt moi sauer und moi süaß,
vom Wartn kriagt ma koide Füaß.
Sie sitzt am Fels, hat nix zum doan.

Wann kimmt der Siegfried endlich hoam?
Am End hat er a andre gsehng
in seiner Hitz – und scho is gschehng.
Doch naa, sie hat ois Liebespfand
den goidna Ring an ihrer Hand!

D'Waltraute, das Walkürenweib,
hat gsagt zu ihr »Brünnhilde, treib
de Gschicht net z'weit, gib her den Ring,
na dua ma des verfluachte Ding
ins Wasser zruck vom Vater Rhein
und scho waar Friede allgemein.
Die Götter waarn vom Fluach erlöst …«
Doch sie is glei stocknarrisch gwest:
»Du spinnst! Der Ring bleibt schee bei mir!
I bin net blöd, des sag i dir.
Den Ring hat mir der Siegfried gebn
ois Liebespfand für's ganze Lebn!
Zum Wotan sagst, i bin verliabt,
weshalb sich da nix zammaschiabt.
I gib den Ring net aus der Hand,
da bin i eisern, hast des gspannt?«

Drauf is d'Waltraute nach Walhall.
Der Wotan kriagt an Wuatanfall,
wia eahm d'Waltraute ois bericht.
»Ja gibts denn so a blöde Gschicht!
Da siehgt mas wieder«, hat er gschrian,
»wenn d'Weiber sich in oan verliabn,
na konnstas für nix anders habn,
dawuzzln kannstas und daschlagn!
Ganz wurscht, was um sie rum passiert,
und wenn de ganze Welt krepiert,
sie sehng nix und sie hörn nix mehr,
aa wenn ois zammbricht um sie her,
sie lebn nur ihrer Liebesbrunst,
so daßd as glei dabarma kunnst!

Wenn ois no lang so weiterlaft,
dann san ma boid oisam verkaft.
Dann zünd ma o de Burg Walhall
mitsamt dem ganzn Weiberstall!
I selber gib mi aa mit drei',
damit a Ruah is, Deifenei.«

Wia gsagt, d'Brünnhilde sitzt am Stoa,
hat d'Füaß ans Feuer onedoa.
Ihr Herz is scho a weng verstimmt,
weil ihr Geliebter lang net kimmt.
Da plötzlich hat s' in d'Staadn paßt,
und hört wia oana fröhlich blast.
Des is der Siegfried mit sein Horn!
Da kimmt er an der Felswand vorn!

Scho fliagt d'Brünnhilde eahm entgegn,
im letztn Augnblick hat s' gsehng,
daß da a Fremder vor ihr steht.
(Damit a jeder woaß, wia's geht,
sei gsagt, daß woi der Siegfried war,
doch macht er se auf de Weis rar,
daß er an Tarnhelm aufgsetzt hat
und dadurch ausschaugt akkurat,
ois wia der Gunter, denn s' net kennt.)
Da werd er a scho frech und rennt
mit einem Bocksprung auf sie zua.
»Schleich di!« schreit s', »i möcht mei Ruah!«

Doch er sagt »Madl, jetzt ghörst mei!
I glaab, es werd des Beste sei,
wennsd' in dei Höhle einegehst,
i kimm dann nei zu dir, verstehst.
Doch vorher möcht i no den Ring.
Dua net lang zum, gib her des Ding!«

D'Brünnhilde kämpft mit letzter Kraft.
Nach kurzm Raffa hat er's gschafft.
Er hat an Ring und schiabt'n ei.
»So, Weib, jetzt gehst in d'Höhle nei,
dann siehgstas scho, wia's weitergeht,
hab nur koa Angst, i friß di net.«

Da macht d'Brünnhilde langsam kehrt,
der ander aber ziahgt sei Schwert,
zum Zeichn daß er ihr nix wui,
alloa scho zwengs'm Ehrgefui.
Sei Liab zu ihr is ja begrabn.
Der Gunter soi des Deandl habn.

D'Brünnhilde geht in ihr Gemach
und er – steigt ihr platonisch nach.

Inzwischen hat in Preißn obn
sich ein Gewitter zammagschobn.
Der Hagen hat an Gast bei sich,
sei Vata war's, der Alberich.
Der hat a fürchterliche Wuat!
»Varecka soi de ganze Bruat!
Der Deife«, schreit er, »soi den hoin,
der mir den goidna Ring hat gstoin,
und der ihn jetzt hat, soi dro sterbn!
He, Hagen, es muaß ghandlt werdn!
Der Siegfried hat, du woaßt, den Ring
und hat koa Ahnung von dem Ding.
Wenn der jetzt kimmt vom Wendlstoa,
na gibts für di was wichtigs z'doa.
I woaß, du bist a gschickter Mo,
Wia's d'as machst, des siehgst na scho.
Auf jeden Foi: der Ring muaß her,
ganz wurscht wia's geht, i sag net mehr!
Hast verstandn? Dann sag ja!«

Der Hagn steht stockfinster da.
Er nickt mi'n Kopf und sagt koa Wort,
drauf geht sei Vater wieder fort.

Doch weiter laft sofort de Gschicht,
so pausnlos, ma glaabt des nicht.
Der Alberich is no net weg,
da kimmt der Siegfried scho um's Eck.
Per Tarnhelm is er – ungelogn –
in fünf Sekundn aufagflogn.
»Der Gunter sagt, er kimmt per Schiff,
er hat d'Brünnhilde fest im Griff.
Und alles geht den rechtn Gang.
Heut abnds is festlicher Empfang!«

Um sechse rum war's dann so weit,
da stehn sie zum Empfang bereit.
De Ehrengarde blast in's Horn,
da kemmas scho: der Gunter vorn,
sei Braut de ziahgt er ungefähr
wia a verreckte Katz daher:
de gebrazzelte Brünnhilde!
Sie is für's Erste net im Bilde.
Doch wia s' na siehgt an Siegfried steh,
da zittert s' und werd weiß wia Schnee.
D'Gutrune schwanzlt neba eahm!
Und wias' verliabt mitnander dean!

»Brünnhilde«, sagt der Gunter laut,
»der Siegfried hat jetzt eine Braut.«

»Jawoi« sagt da der Siegfried glei,
»d'Gutrune is ab heut mei Wei.«

Da zreißt d'Brünnhilde schier der Zorn.
»Pfui Deife, bin i bschissn wordn!«

Sie siehgt den Ring an Siegfrieds Hand
und scho is vollends durcheinand.

»Den Ring hat mir der Gunter gstoin,
der Hamme hätt von mir was woin,
doch i hab nur an Siegfried gern.
Da konnst do glei stocknarrisch wer'n!«
Sie hat vor Wuat in Bodn neigstampft.

»Brünnhilde!«, mahnt der Siegfried sanft,
»der Gunter is dei Mo, net i,
i hab für di zwar Sympathie,
doch mehr is leider hoit net drin.
Des ganze Gschroa hat wenig Sinn.
Der Gunter is a gstandner Mo,
mit dem bist wirkle net schlecht dro!«

Da siecht d'Brünnhilde nur no rot,
sie schreit vor Zorn und Liebesnot,
denn wenn ein Weib so ausgschmiert werd,
so hinterfotzig und so gschert,
so herzlos und so ungeniert,
– koa Wunder, wenns' na explodiert:
»Ihr moants woi alle, i bin blöd!
I wui des Zwetschgnmandl net!
Der Siegfried hat mir Liebe gschworn,
i gib de Gschicht no net verlorn!
Er is mei Mo und neamand sonst,
und wenns d' di net erinnern konnst,
mei liaber Siegfried, nacha schwörst ...«

»I bin do net auf's Hirn gfoin, hörst!
Brünnhilde, du beleidigst mi!
i liab d'Gutrune und net di!«
Der Siegfried schwört an heilgen Eid.
»Brünnhilde, red koan Schmarrn, sei gscheit!«

Da hat d'Brünnhilde d'Froasn kriagt.
»Leut, glaabts eahm net, der Mo der lüagt!«
Sie bricht schier zamm vor Schmerz und Gram.
»Des muaßt ma büaßn, derfst mas glaam!«

Der Siegfried denkt se: Geht's wia's wui,
eahm werd des auf die Dauer z'vui.
Es springt nix raus, des hat er gspannt.
Er nimmt d'Gutrune bei der Hand
und geht mit ihr in d'Halle nei.

Der Gunter schaugt recht finster drei.
Er kimmt se ziemlich deppad vor.
Was war er für ein irrer Tor!
Jetzt hab i, denkt er, den Salat,
den mir der Siegfried zammgmischt hat!

D'Brünnhilde hat, ma glaabt des nicht,
jetzt nur no blankn Haß im Gsicht
»Rache!« schreit s' mit gaacher Wuat,
»des büaßt der Schuft mit seinem Bluat!«

»Ganz recht«, sagt da der Hagen glei,
»des zoihst eahm hoam, i huif dabei!
Brünnhilde, Mensch, des is a Ding,
na kriagst den Nibelungenring!
Dann liegt de ganze Macht bei dir!
Der Kerl muaß sterbn, i bin dafür!«

So hat er gredt, doch innerlich
da denkt der Baaze nur an sich.
Er redt zum Schein nur so daher,
den Ring – den wui natürlich *er*!

Nur grad der Gunter ziahgt net recht.
»Mei Schwester denkad von mir schlecht!«

An Hagen packt de Ungeduid.
»Sie woaß doch nix von deiner Schuid!
Den Ärger konnst dir leicht erspam,
wer's gwesn is, derf neamd erfahrn.
Des Gheimnis wissn nur mir drei!«

»Wenn 's so is, bin i aa dabei!«
hat drauf der Gunter finster gsagt.

So war as Gwissn nimmer gfragt.
Ein Racheplan werd ausgeheckt,
der einen finstern Mord bezweckt.

Wer 's »Rheingold« glesn hat, der woaß:
nur grad der Ring macht alle hoaß!
Es schürt den Haß ganz fürchterlich
der Fluch des König Alberich:
»An jedn, der den Ring besitzt,
soins schlagn, bis daß er d'Seel nausschwitzt.
Und wer ihn net hat, soi se giftn,
und Mord und Totschlag soi er stiftn!«

De Mörder san scho auf'm Sprung
– boid kimmt de große Dämmerung.
Gwen is in der Fruah um sieme,
Morgenröte leucht am Himme.
Am greana Rhein das Jagdhorn schallt,
drei Manna stehna dort am Wald.

Der Gunter hat zum Hagen gsagt:
»Jetzt moan i, waar a Brotzeit gfragt.«
Der Siegfried, der hat nix dagegn.
So macha sich's de drei bequem.
A jeder ißt a Brot mit Wurscht.
Dann fragt der Hagen: »Habt's an Durscht?«
und zoagt a kloane Flaschn her.
»Es is net vui, i hab net mehr.«

Der Siegfried nimmt ois ersts an Schluck
und gibt de Flaschn wieder zruck.

»Mir mögn nix«, sagn de andern zwoa
und habn de Flaschn wegadoa.

Es war a starkes Gegengift,
des oan sofort ins Herz neitrifft,
und d'Liab verändert auf oan Schlag.
A Mordserfindung ohne Frag.

Der Siegfried springt sofort in d'Höh
und schreit auf bayrisch »Dulliö!«
Sei Hirn is plötzlich liacht und klar.
Jetzt woaß er wieder, was er war!
Erinnerungen brecha auf,
wia er den steilen Berg is nauf,
wia er durch's Feuer durchekimmt
und wia er findt des scheene Kind
und wia er nacha – schwaar auf Draaht –
des resche Madl zammpackt hat.
Es jucktn wieder bis aufs Boa
de hoaße Nacht vom Wendlstoa!

De Reue bricht aus seinem Mund:
»Was war ich für ein gscherter Hund!
Brünnhilde, konnst du mir verzeihn,
i wui jetzt ewig bei dir bleibn!
D'Gutrune intressiert mi net.
Wia war i bloß so seltn blöd!
Nur du, Brünnhilde, bist mei Glück.
I kimm sofort zu dir zurück!
I liab di hoaß, des derfst ma glaam,
ois ander war a böser Draam!
Brünnhilde, komm an meine Brust!
I hab des einfach nimmer gwußt,
daß i de scheene Liebesnacht

bei dir am Gipfe hab verbracht!
Hernach war plötzlich alles gar,
ois ob ma 's Hirn ausgrunna waar!«

So war der Siegfried plötzlich hoaß
in geiler Inbrunst, und wer woaß,
was ois passiert waar an dem Tag,
kaam plötzlich net der harte Schlag.

Er sagt no: »Komm, o liabstes Kind!«
Da sticht der Hagen eahm von hint
an spitzn Speer in Buckl nei.
Der Gunter schreit no: »Muaß des sei?«

Es war ein schauerliches Buid.
Der Siegfried reißt no hoch sei Schuid
und möchts an Hagen aufeschlagn,
– es war entsetzlich, muaß i sagn –.

Der Speer sitzt mittndrin im Herz.
Der Siegfried spürt an kurzn Schmerz,
grad wiar er's Schuid hat in der Höh,
da konn er nimmer länger steh.

»Brünnhilde!« schreit er, »Du alloa!«,
dann bricht er zamm, foit auf'n Stoa
und haucht sei Heldnseele aus.

Der Hagen ziahgt sein Speer no raus.
Das Jagdgefolge kimmt daher.
De meistn Leut bedauern sehr,
daß unser junger Held is tot.
Sie tragn ihn nei ins Morgenrot.
Recht schwer und düster is ihr Gang,
sie singa einen Trauergsang.

Ein Heldenleben is zu End.
Ma riacht scho, quasi, wia ois brennt.
Jetzt is bloß no a Katzensprung
zur allerletzten Dämmerung.

D'Gutrun wart auf ihren Mo.
Sie war beim Aufsteh scho net froh,
»Schatzerl, hat s' zum Siegfried gsagt,
»daß d' ja glei hoamkimmst nach der Jagd.«
Und jetzt is scho fünf Stund lang Tag ...
Da trifft s' auf oamoi schier der Schlag.
A Trauerzug kimmt dumpf daher,
a fuchzehn Manner ungefähr.
Ihr wer'n de Knia schee langsam weich,
denn in der Mittn tragn s' a Leich.
Dann duat s' an Schroa und ringt de Händ,
wia s' schließlich na ihrn Mo erkennt.

»Manner«, sagt s', »wer hat des do?«
und schaugt dabei ihrn Bruader o.
»Gunter, warst es du vielleicht?«
Der Bruader zittert und erbleicht.
»Ja wias d' nur sowas denka konnst,
der Hagen war's und neamand sonst!«

Da tritt der Hagen vor si hi.
»Jawoi i nimm den Mord auf mi.
Der Grund is klar: i wui an Ring,
es geht nur um des kloane Ding,
ois ander is ma völlig gleich!«
Scho geht der Hagen hi zur Leich
und wui an Ring vom Finger ziahng...

»I wer dir glei dei Gstell verbiagn!«
schreit da der Gunter voller Gier.
»Tua d'Pratzn weg, der Ring ghört mir!«

Der Hagen ziahgt sei Schwert und schreit:
»Is guat, na bist der zwoate heut,
den i dastich, mir is des gleich!«
– Und scho gibts wieder eine Leich.

Mit einem Loch von vorn bis hint,
daß hint und vorn as Bluat rausrinnt,
verstirbt der Gunter aufm Stoa.
D'Gutrune siecht's und konn nix doa.

Der Hagen setzt zum Endspurt o.
Der Siegfried hat den Ring no dro!
Sei Hand hängt runter bleich und steif.
Scho langt der Hagen nach dem Reif ...
Da fahrt eahm 's koide Grausn nei.
Der Tote rührt se! – Konn des sei?
Hebt drohend seine Hand in d'Höh,
da werd der Hagen weiß wia Schnee,
schreit auf und foit an Hintern hi.

Im nächstn Augenblick kimmt *sie*,
de eigentliche Hauptperson,
de alles wieder richtn konn,
daß alles Mordn hat a End,
der ganze Saustoi niederbrennt:
D'Brünnhilde, de Walkürenmaid,
zum heeren Opfertod bereit.
Ihr Streitroß Grane hat s' dabei,
a wengerl Glanz möcht euwei sei.
Sie geht zum totn Siegfried hi
– de Sach is net ganz leicht für sie –
und ziahgt den Ring von seiner Hand,
der gwen is einst ihr Liebespfand,

wia sie so muatterseelnalloa
hat gwart hoch drobn am Wendlstoa.

Dann sagt s' mit Trauer in der Stimm:
»Horchts auf, ihr Manner, i bestimm:
de Leich werd feierlich verbrennt!«
Und scho san d'Manner oisam grennt,
habn Holz aufgschlicht zu einem Stoß
und wia der war genügend groß,
habn s' d'Leich vom Siegfried aufetragn,
daß d'Flammen könna drüberschlagn.
Es war ein schauerliches Buid.

»De Flammen löschen alle Schuid!«
sagt drauf d'Brünnhilde ernst und stolz
und schmeißt a Fackl nei in's Holz.
Scho brennt hellauf der ganze Stoß.
D'Brünnhilde schwingt se auf ihr Roß
und reit mit einem wuidn Schrei
pfeigrad in's geile Feuer nei.

Der Hagn bruit: »Was is mi'n Ring?
Du blöde Goaß, gib her des Ding!
Den muaß i habn, sonst wer i grante!
Mach schnell, du oide Roßbointante!«

D'Brünnhilde aber hört ihn net.
Ihr Leib im Feuer untergeht.
Ihr Roß verschmort, das Fett verspritzt,
de Funkn fliagn, der Himme blitzt.
Geopfert wer'n muaß net nur sie,
aa mit de andern geht's dahi.
De Zeit is reif, das Maß is voi,
daß alles zammabrennt werdn soi.

De Flammen euwei höher steign.
Auf Burg Walhall dean s' »Feuer!« schrein.

Zu spät! De Brunst is scho am Tor
und alle wimmern laut im Chor.
Umsonst, de Lohe frißt sie auf,
de ganze Herrlichkeit geht drauf.

Der Baam, der goidne Äpfe bringt,
mit einem Krach an Bodn hisinkt.
Koa Wasser is zum Löschn da,
die Fricka brennt, die Freia aa.

Der Wettergott hat gschimpft und gfluacht
und schnell noch einen Regn versuacht.
De Flammen aber bleibn net steh,
ois muaß verbrenna und vergeh.

Der Loge schreit als Feuergott:
»I hab's net ogschafft, sapperlott!
Weg mit dem Feuer, aber schnell!«
Da brennt er scho am ganzn Gstell.

Die Macht der Götter is vorbei,
der Sturm haut ois in d'Pfanna nei.
Das Feuer koa Erbarmnis kennt,
der ganze Weiberstall verbrennt.
Es frißt se euwei höher nauf,
als Letzter geht der Wotan drauf.
Er steht hoch obn auf einem Turm,
ringsum tobt scho der Feuersturm.
Er schreit: »Ich hab des kemma sehng,
bin dauernd bei de Weiber glegn!
War zu vui Mensch, zu wenig Gott.
Jetzt häng i drin, ich Idiot!
Es gibt koa Rettung mehr für mi!«
A Schnapprer no, dann war er hi.

Der Sturm hat d'Nordsee aa erfaßt
und 's Wasser druckt in wuider Hast
in Rhein nei, daß er überlaft.

Der Hagen schreit: »I bin verkaft,
wenn mir der goidne Ring net bleibt!«
Da siecht er scho, wia's Wasser treibt.
Er steht voi Angst am Feuer dort
und denkt, i renn so lang net fort,
bis 's letzte Steckerl duat verglüahn,
na brauch i nur an Ring rausziahng!

Da kimmt der Vater Rhein daher,
reißt seine Strudl kreuz und quer.
Der grimme Hagen schluckt und speibt,
bis eahm nix anders übrig bleibt,

ois daß er nimmer weiterschnauft
und elend unt am Grund dasauft.

So hats'n dann ins Meer naustriebn.
Zum Schluß is neamd mehr übrigbliebn.
Nur grad der oide Vater Rhein
tuat froh nach seine Töchter schrein.
D'Wellgunde bringt an Ring daher,
jetzt gibts koan Mord und Totschlag mehr.
Das Goid liegt wieder unt im Rhein.
So schwelgt in Lust der ganz Verein.
D'Floßhilde macht an Freudensprung,
d'Woglinde – vor Begeisterung
nimmt ihre Schwestern bei de Händ,
der Reigentanz nimmt nia a End.
Der oide Vater Rhein schaugt zua,
so schliaßt de Gschicht in selger Ruah.

Doch leider gibts no Goid und Geld
und Macht auf dera schnödn Welt,
was immer wieder Unruah stift
und 's Miteinandersei vergift.
Der Kampf um d'Macht werd net vergeh,
so lang de Welt no bleibt besteh.

Doch koana was mit nübernimmt
wenn er ins Jenseits nüberkimmt.
Drum gib i euch den guatn Rat
– weil 's letzte Hemd koa Taschn hat –
gebts net zu vui auf Goid und Macht,
weil's doch zerrinnt de ganze Pracht!

Der, wo des bessere betreibt,
net gierig is und oafach bleibt,
der foit amoi, wenn d'Welt verbrennt,
pfeigrad in Gottes guate Händ.

Don Giovanni auf Bayrisch

oder
Der Graf Hallodri von Lenggrias

Frei nach der Oper von
Wolfgang Amadeus Mozart

Erster Akt

Z'Lenggrias is Feierabend gwen.
Es war a Tag mit starkn Föhn.
A scharfer Mond am Himme steht.
In Wegscheid läutn s' zum Gebet.
's Brauneck werd schwarz, a Stern leucht her,
der Himme dunklt mehr und mehr.
Der Koiwehof liegt in der Ruah,
es geht scho glei auf neune zua.

Ma mag no net ins Haus neigeh,
der Abnd herauß is so vui schee.
De Arwad ruaht, as Herz werd weit,
der Tag sinkt nunter – Hoagaschtzeit.

Vom Tal raus weht a warmer Hauch.
Am Bankerl neban Fliederstrauch
sitzt 's Annamirl, de Händ im Schoß.
Der Ottokar, wo bleibt er bloß?
»Am Dienstag um a neune rum,
konnst rechnen, daß i zu dir kumm.«
So hat er gsagt, der Ottokar,
der pünktlich wia a Zoager war.
Und kaam er jetzt, waarn s' ganz alloa.
Der Vadda woit heut nix mehr doa,
er hoit den starkn Föhn net aus,
er müaßad no a wengerl raus,
so hat er gsagt, er möcht zum Wirt,
da gang a Schafkopf zamm zu viert.

O, wenn der Ottokar nur kaam,
heut paßad alles so schee zamm,
de ganzn Umständ, einfach ois
und sie war bizlad bis zum Hois.

Doch jetza, an der Leitn hint,
da siecht ma, daß wer runterkimmt!
Und is inzwischn aa scho Nacht,
des flotte Gangwerk, des er macht,
der broate Oberlandlerhuat,
– da schiaßt's ihr aa scho nei ins Bluat! –
des is ihr Bua! Und scho rennt s' los,
schneidt d'Kurvn ab durch's nasse Gras.
Der ander geht glei auf sie zua.
»Ja weils d' nur da bist, liaba Bua!«
sagt sie und wirft se an sei Brust.
– Im nächstn Augnblick hat s' gwußt,
daß des a ganz a andrer war
und niamois net ihr Ottokar.

Sie reißt den Kopf hoch, schaugt'n o.
Und er sagt. »Madl, jetzt bist dro!
Hast gmoant, i bin der Ottokar,
ois ob des grad so wichtig waar!«
und packt sie glei krawottisch zamm.
»I liab di, Madl, derfst mirs glaam!«
Sie kennt des Gsicht und aa de Stimm.
»Du Wüastling!« schreit s' im wuidn Grimm
und reißt se los und rennt davo.

»Geh zua, i hab dir doch nix do!«
schreit er und laft dahinter her,
da steht a Haufa in der Quer.
Sie ziahgt a Gawe aus'm Mist.
»A Graf wuist sei – a Hamme bist!«
Geht mit de Zinkn auf eahm los,
an Graf werd de Gefahr zu groß,
er draaht se um und laft davo,
de Zinkn nah am Hintern dro.
Sie treibt'n nei ins Eck vom Stoi
und woaß dann doch net recht, was soi,

schmeißt d'Gawe weg und rennt ins Haus
und woant se aufm Diwan aus.

Der Graf, des muaß i schnell erklärn,
is oana von de feiner Herrn,
de nur 's Vergnügn woin und sonst nix
und de mit raffinierte Tricks
auf fesche Weiber spekuliern.
Was anders hat er net im Hirn.
Er war fast ständig auf der Roas
und immer nur auf Liabschaft hoaß.
Und war sei Interesse groß,
dann ladt er 's Madl auf sei Schloß.
Sagt 's Madl, daß net kumma kannt,
dann geht de Gschicht aa ambulant.
Und alles klappt, ois wia am Schnürl,
– nur heut grad net mitn Annamirl.
Sei Nama is net weiter gfragt.
I sag euch nur, wia d'Leut habn gsagt:
»Sperrts d'Madln weg, nehmts 's Gwehr in Hand,
– der Graf Hallodri is im Land!«

An Diener hat er aa no ghabt,
der is eahm dauernd nachetrabt.
Der war im Dienst bei Tag und Nacht
und hat eahm d'Weiber zuawebracht.
Sei Nama der is Uli gwen.
Was der erzählt, des werds dalebn.

Der Koiwevadda sitzt beim Wirt.
Es geht koa Schafkopf zamm zu viert.
Er trinkt alloa a Hoiwe Bier,
dann geht er wieder naus zur Tür.

Der Föhn liegt schwer auf seiner Brust,
so hat er aa zu nix mehr Lust
und macht se übern Hoamweg her.
A dreißig Meter ungefähr
vorm Haus da macht er plötzlich Hoit.
Zerst woaß er gar net, was des soit,
wia's Annamirl in großer Not
an Grafn mit der Gawe droht.
Dann is eahm plötzlich alles klar,
daß des a so a Baaze war,
der 's Annamirl woit überfoin
– den soi doch glei der Deife hoin!
Scho laft er num, so schnell ois geht,
in d'Waschküch, wo a Prügl steht ...
Inzwischn is as Annamirl
ins Haus neigrennt zum andern Türl.

Der Graf steht neban Hennaschlag.
»O Jungfer, hört doch, was ich sag!
Ich mach ihr artig Reverenz!«
»I helf dir glei, du blöder Stenz!«

Der Vadda rast glei wia a Stier
mitn Prügl aus der Waschhaustür.
»Du laßt de Finger von mein Kind!«
Der erste Schlag geht auf'n Grind,
der zwoate geht eahm nei ins Kreuz,
der dritte geht in d'Luft bereits.
Der adelige Delinquent
is wia ein Windhund wegagrennt
durch d'Wiesn, nüber bis zum Bach,
der ander eahm mitn Prügl nach.
Der Vadda hätt, des muaßma sagn,
an Grafn gar vielleicht daschlagn.
Da drüber rechtn hat koan Sinn,
bei so an Föhn is alles drin.
Scho war er ganz in seiner Näh,

da bleibt der Graf auf oamoi steh,
hoit eahm a spitzigs Messer hi.
»A Ruah gib, sonst dastich i di!«
Der Koiwe hat net bremsn könnt
und is ins Messer einegrennt.

Der Stich geht direkt nei ins Lebn,
der Koiwe hat sein Geist aufgebn.

Wia alles scho vorüber war
kimmt schnell daher der Ottokar.
»O Annamirl entschuldige,
daß i so spät no einageh.
I hab dein Vadda renna sehng,
grad so, ois waar a Unglück gschehng!«

Da tuat as Annamirl an Schroa.
»Los, Ottokar, du muaßt was doa!
Der Vadda is im Wirtshaus gwen,
vielleicht hat's da a Raffats gebn.
Beim Schafkopf kimmt er leicht in Streit,
wir müaßn schaugn, 's is höchste Zeit!«

Sie renna schnell auf d'Wiesn naus.
A hundert Meter weg vom Haus,
am Bach, wo's nimmer weitergeht,
da liegt a Mo und rührt se net.
As Annamirl foit hi auf d'Knia.
»O Vadda, sag doch was zu mir!«
Sie siehgt des Messer in der Brust
mit Hirschhorngriff und hat net gwußt,
wer so a Messer b'sessen hat.
Der Ottokar, der bückt se grad
und ziahgt as Messer aus der Brust.
Er hat genau so wenig gwußt,
so lang er's oschaugt und studiert,
wer so a Messer bei sich führt.

A Messer war's mit Doppelschliff,
mit goidna Knauf und Hirschhorngriff.

Dann tuat er einen lautn Schwur:
er gaab net eher mehr a Ruah,
– und wenn er selber dabei foid –
bis daß der Kerl der Deife hoit.

Der Graf is einegrennt in d'Nacht
und wo der Bach a Kurvn macht,
da bleibt er steh und langt an's Hirn.
»Da möchst doch an Verstand verliern!«
Wo is sei Messer, Deife nei,
des muaß doch in der Taschn sei.

Dann plötzlich aber hat er gwußt,
des steckt im Koiwe seiner Brust.
Schnell zruck, daß neamd des Messer findt!
Da siecht er, daß vom Hof wer kimmt
und sich beim Koiwe z'schaffa macht.
Jetzt hängt er drinna, guate Nacht!
Verfluachter Goaßdreck, so ein Mist,
daß er des Messer da vergißt!

Zweiter Akt

Beim Brucknfischer in Lenggrias
sitzt auf der Bank ein junges Gmüas.
Sie hat im Gasthof übernacht.
Der Wirt hat ihr grad 's Frühstück bracht.
Sie roast an Graf Hallodri nach.
Nia werd sie eahm verzeihn de Schmach!
Er duat, ois hätt er s' heiratn mögn,
is fuchzehn Nächte bei ihr glegn.
Sie hat eahm alles gebn, was hat.
»Ich Depp! Jetzt hab i den Salat!«
sagt s' zu sich selbst und haut in Tisch.
»Den Baaze wenn i heut dawisch!
Nach fuchzehn Nächte rennt er fort
und laßt sie ohne Abschiedswort!
Wia schee waar alles mit eahm gwen,
ein Liebesrausch des ganze Lebn!
›Elvira‹, hat er immer gsagt,
›woaßt, unser hoaße Liab, de tragt!
Nia hat mi so ein Weib erhört!‹
– Dann rennt er weg, der Lump der gschert.«

Sie duat an Zuacker in Kaffä
und dann werd s' plötzlich weiß wia Schnee.
Die Tür geht auf – und wer kimmt rei?
Der Graf Hallodri – Deife nei!

D'Elvira reißt's glei hoch vom Sitz,
rennt auf eahm zua ois wia der Blitz.
»Du Haderlump, jetzt hab i di!
I gib mei ganze Liab dahi,
i schenk dir alles, was i bin
und hab nix anders mehr im Sinn
ois wia nur di, nur di alloa.
I glaab, du hast a Herz von Stoa!
Liegst fuchzehn Nächt bei mir im Bett!

Wer hat denn ogfangt, i war's net!
Du bist mir nachgrennt Tag und Nacht
und hast am Fenster Musi gmacht,
bis i na sag, soist einageh.
O mei, de Nächt warn so vui schee!
Wias d' gsagt hast dann, i waar de Erst!
– Hallodri du, dawuzzlt ghörst! –
Nach fuchzehn Nächt in aller Früah
schleichst naus zur Lieferantentür!«

Der stolze Graf war sehr verlegn.
Er hätt s' zum Deife wünschn mögn.
»Elvira, laß dir's doch erklärn!
I schwör's, es liegt mir völlig fern …
I liab di heut no grad a so!
– Entschuldige, i muaß auf's Klo!«

Da kimmt der Uli rei zur Tür.
»He, Uli, red doch du mit ihr!
I muaß ganz schnell auf's Häusl geh.
Des Weibsbuid wui mi net versteh!«
Scho war er drauß. Der Uli grinst.
Dann denkt er ›Scheiße, Dienst is Dienst'
und wui s' mi auf der Stell daschlagn,
mir bleibt nur oans, de Wahrheit sagn.‹
»Mein Fräulein, regn Sie sich net auf,
es ändert doch nix am Verlauf.
Wenn oans so fesch is, ois wia Sie,
dann geht's hoit eines Tags dahi.
Und schließlich warn S' net unberührt
und was passiert is, is passiert!«

D'Elvira war a weng verwirrt.
»Er hat mi ganz gemein verführt!
I waar de Erste, hat er gsagt,
i war verliabt und hab's eahm glabt.«

»De Erste? – Fräulein san S' net bös,
nur wenn ma blöd is, glabt ma des!«
Der Uli langt sein Ranzn her,
da liegt obnauf a Büache quer.
»Des lange Redn hat koan Sinn,
im Büachl da steht alles drin.«

Er hoit ihr draus a Buidl hi.
»Schaugn S' her, des is de Annemie.
A buidsaubers Madl
mit zuckrige Wadl,
mit Augn wia der Himme,
d'Stirn weiß wia a Schimme,
G'sicht rot wia a Kerschn
– wer ko se beherrschn?

Der Graf sicher net!
Und wias hoit so geht,
er ladt s' auf sei Schloß ei
und sie wui net hart sei,
dazua is koa Grund,
›aber nur auf a Stund !‹

Im Eckerl san gstandn
vier Hofmusikantn
und spuin Menuett
und er war so nett.
D'Musik geht zu Herzn,
am Tisch brenna Kerzn,
der Wein is so leicht,
so hat er's erreicht.
Um oans in der Früah,
da hat er koa Müah.
Sagt ›Madl, jetzt kimm i,
i trag di in Himmi!‹
und tragt s' in sei Bett,
dann werd nix mehr gredt.

Der Wein tuat des sei,
er denkt ›jetzt ghörst mei‹,
sie denkt ›in Gotts Nam‹
und scho packt er s' zamm.

Denn wissn S', i schreib alles auf.
I nimm de Arwad gern in Kauf,
denn später is moi intressant,
was alles drin waar, wenn ma kannt
und wenn der Mensch koa Gwissn hätt'!
Schaugn S' her, des is d'Elisabeth!«
Scho is des nächste Buidl dro,
d'Elvira schaugt nur grad a so.

»A buttrige Henna!
An de kannst di gwöhna.
Schaugn S' bloß des Profil o,
wia d'Venus von Milo.
A Gmüat, wia a Lamperl
und doch a kloans Schlamperl.
Auf d'Männer is hoaß,
obwoi koana woaß,
daß jemois hätt nachgebn.
Sie is mit koan zammglegn.
Da kimmt ihr in d'Quer
mei gnädiger Herr.

Er sagt ihr: ›I woaß scho,
an dir is nix Hoaß dro,
du bist jung und frisch,
aber koit wia a Fisch.
I woaß, daß d' net onimmst,
und net in mei Schloß kimmst,
oa Nacht bei mir wohnst,
weils d' as net konnst!
Du steigst in koa Bett nei,
i wui dir net bös sei,

umsonst waar de Müah,
du konnst nix dafür.‹

Da fahrt's ihr glei eine:
›I bin gerne de deine,
liaber heut ois wia morgn,
da brauchst di net sorgn!‹
Da sagt er: ›Wenn's so is,
wui i sehng, ob was dro is,
ob's Madl woi kannt
– und packt s' ambulant!

Er hat se schnell an d'Frauen gwöhnt.
De Annemie, des war de zehnt.
A jede werd im Buach drin gführt,
mit Nama nur und numeriert.
Und hat er moi a bsondre ghabt,
dann werd a Buidl einepappt.
D'Elisabeth mit Konterfei,
des is die Nummer hundertdrei.

Sie stehna aa im Büachl drin,
Sie san der Foi zwoatausndsiebn
und obndrei ois Rekord bekannt
mit fuchzehn Nächte hintranand!«

»Hörn S' auf, i konn des nimma hörn,
da möcht ma glei stocknarrisch werdn!«
D'Elvira is ganz bleich vor Zorn,
ihr Haltung geht total verlorn.
Mit einem Zittern in der Stimm
sagt s': »Wissn S', ärgern hat koan Sinn.
Lang geht des nimma so dahi!
Der Sündn fürchtn möcht ma si!
A Mensch, der soiche Sachn macht,

den hoit der Deife über Nacht.
De merkn S' Eahna«, sagt s', »von mir!«
und dann rennt s' außi zu der Tür.

Dritter Akt

Heut is a Hochzeit in Lenggrias.
Varecka möchst, des geht in d'Füaß:
A Polka und a Siebnschritt,
beim Landler tanzn s' alle mit.
's Hirtamadl, Masianner,
d'Madln hupfa um de Manner,
d'Manner schwanzln um de Madl,
lurn nach Unterrock und Wadl,
weiter aufe geht nix zamm,
weil s' so schwaare Röck ohabn.

Der Hiasl aus der Jachenau
macht d'Hofer Zenz zu seiner Frau.
Sie hat nur wenig, er hat nix,
ois wia sei Stellung und sei Büx.
Er is a Jaaga beim Herrn Graf,
a Schlappschwanz, a geduidigs Schaf.
Warum de Zenz den Hias grad nimmt,
wias auf den Lätschnbene kimmt,
warum koan andern, grad an Hias,
des woaß koa Mensch von ganz Lenggrias.

Sie selber wissn's freile gnau:
Die Zenz war in der Jachenau,
a Basl bsuacha auf zwoa Stund.
Zum Ratschn gibts ja so vui Grund,
damit de Freundschaft net verrost
und so versaamt s' de Vierepost
und bleibt a Nacht lang bei der Lies.
Des trifft se guat, weil Maitanz is.
Beim Postwirt is die Luft zum schneidn,
de Madln quietschn, d'Buama schrein.
Da rennt der Hiasl glei zu ihr:
»Bist vo Lenggrias? Sag, tanzt mit mir?«
Sie tanzt fast nur mit eahm alloa,

so gehts dahi mit dene zwoa.
Der Hiasl hupft, der Hiasl schiabt,
ma moant er hätt se scho verliabt,
doch zum verliabn da war er z'bläd,
er hat nur tanzt, weil's so guat geht.

Da kemma a paar Männer her
und sagn: »He Hias, was tuast mit der?
De is net aus der Jachenau,
laß d'Finger weg von dera Frau!
Habn selber gnua so junges Gmüas,
brauchst net de Schnoizn aus Lenggrias!«

Da hat an Hias der Trotz opackt.
Wenn oana so was zu eahm sagt
und moant, er kannt'n kommandiern,
dann kriagt er glei a rote Birn
und tuat erst recht grad andersrum.
»Geh weiter, Zenzi«, schreit er, »kumm
De woin net, daß ma uns verliabn,
jetzt dean ma grad mit Fleiß oan schiabn!«

Er hat de Zenz krawottisch packt,
hat ihr verliabte Worte gsagt
und ihr aus lauter Trotz und Zorn
am Hoamweg ewge Treue gschworn.
Und seit dem Maitanz war der Hias
schier jedn Sonntag in Lenggrias.
De Zenzi hat eahm alles glabt,
a gwisses Mitleid mit eahm ghabt.
Allmählich war s' dann doch gerührt,
no ja – und so is hoit passiert.
Sie war net hoaß und aa net koit
und hat nur gsagt: »Na packmas hoit!«

So feiern s' Hochzeit jetzt de zwoa.
De Zenzi sitzt am Tisch alloa.

Sie hat grad d'Kosten zammazählt,
a Hochzeit kost a Haufa Geld.
Bloß guat, daß net vui Leut da san,
a zwanzge, dreißge kemma zamm.
Der Hiasl hat zu ihr scho gsagt,
»Woaßt, unser Hochzeit is net gfragt.
Zum Beispui aus der Jachenau,
i sag dir's glei, da kimmt koa Sau!«
Jetzt isa grad in d'frische Luft.
Der Onkel Franz is aa verduft.
De Musi hat a Pause gmacht,
auf oamoi hört s', daß oana lacht.
A feiner Herr is vor ihr gwest,
der ghört net zu de Hochzeitsgäst.
Mei, hat der Mo ein fesches Gwand!
Und lacha konn er, so scharmant!

»Das Fräulein Braut? Ich hab die Ehr!
I setz mi glei zu Eahna her.
Sie schaugn a wengerl einsam drei,
soi des vielleicht a Hochzeit sei?
Und welcher is denn Eahna Mo,
da drauß vielleicht, der Oakopf da?
Der hat mit seine Freund grad gredt,
daß er garniamois gheirat hätt,
wenn's drinna in der Jachenau
net gsagt hättn, nimm dir ja koa Frau,
de net von da is, dummer Hund!
Nur des alloanig war der Grund.
Nur grad aus Trotz, verstehn Sie mi?
Mir tuat des furchtbar leid für Sie.
Denn wissn S', wenn i ehrlich bin,
des ganze hat doch gar koan Sinn!
Doch leider bin i hoit z'spät dro:
I waar für Sie der rechte Mo!

Ma hoaßt mi Graf Hallodri zwar,
doch wichtig is net des, was war,
denn hättn S' mi a wengerl gern,
– mei ganzes Lebn kannt anders werdn!
Sie waarn genau de Frau für mi!
I woaß, es is net leicht für Sie.
Doch machas mir a oanzge Freud
und kemmas mit de ganzn Leut
zu mir auf's Schloß ois meine Gäst,
dann feiern ma a großes Fest!
Is des a Vorschlag, Fräulein, sagn S'?
Schnell gehr gas naus zu eahm und fragn S'!
Ihr Mo hat sicher nix dagegn,
der fuit se sehr geehrt, werdn S' sehng.

Reich mir die Hand mein süßes Kind!
Gedankn san no lang koa Sünd.
Kimm auf mein Schloß und reiß di zamm,
es reut mi nix, des derfst ma glaam.
Mir lassn's rauschn, was grad geht.
Mein Diener Uli, der versteht,
ein großes Fest zu arrangiern!
Ein Graf werd Sie zum Tanze führn!
Und ois, was steht in meiner Kraft,
an Musikantn, Dienerschaft,
an Essn, Trinkn und no mehr
des biet ich auf zu Ihrer Ehr!
Was is jetzt, pack ma's o de Gschicht?«

Die Zenzi macht a komisch Gsicht.
So hat er oiso gredt, der Hias!
Boid wissn's alle in Lenggrias,
daß er hätt gar net heiratn mögn,
nur grad aus Trotz war alles gschehng!
So ein Schlawiner, so ein Schuft,
den Kerl setz i heut nacht an d'Luft!
Der steigt net eine in mei Bett.

»Herr Graf«, sagt s' laut, »Sie san sehr nett!
Ich dank hoit für de große Ehr.
Paßts auf, ös Leut, horchts alle her:
der Graf hat uns auf's Schloß eigladn
zu Wein und Bier und Festtagsbratn.
Packts euer Glump und gehts glei los,
um sechse treff ma uns im Schloß!«

Der Hias, der kimmt grad rei vom Hof
und Zenzi sagt: »Was schaugst so doof?
Du hörst doch, daß ma eigladn san,
los mach di fertig, packma zamm!«

Der Hias war wirklich vui zu bläd,
ois daß er merkt, um was da geht.

»Zum Graf sagst? Oiso gehngma hoit,
mir is des recht, wenn er ois zoit.«
In dem Moment is was passiert,
was no zu Schwierigkeiten führt.

D'Elvira steht auf oamoi da
und sagt zum Graf: »Ja, den schaug o!
De Braut da soi de nächste sei!
Du Sittenstrolch, was foit dir ei!«

Zur Zenzi sagt s': »San S' net so dumm,
werdn S' sehng, der Mensch kriagt Eahna rum.
Der schwanzlt um sie her und lüagt,
bis daß er Sie in's Bett neiziahgt!
Bleibn S' da und gehngas net zu eahm,
der Kerl bringt Eahna in's Verderbn!«

Die Zenzi hört gar net auf sie,
sie schaugt nur auf'n Grafn hi
und der sagt: »Machts euch da nix draus,
de spinnt, de ghört ins Irrenhaus!

Was de erzählt, is alles blöd!
Was is jetzt, gehngma oder gehngma net?«

Da hat de ganze Gsellschaft gschrian:
»Auf, los, mir woin koa Zeit verliern!«

Ma woaß ja, wia de Menschn san,
wenn s' irgendwo a Gwißheit habn,
daß ebbas umasunst hergeht,
dann rennas alle grad wia bläd.
Dann habn s' bloß Hunger no und Durscht
und die Moral is eahna wurscht.
Die Masse Mensch gibt da nix drauf.
So nimmt das Schicksal seinen Lauf.

Der Uli steht im Hintergrund,
er woaß, jetzt kimmt sei große Stund.
Um sechse san de Leut im Schloß,
ein Wink vom Graf, scho rennt er los.
In zwoa, drei Stund is alles gricht,
er woaß, wia s' nausgeh soi de Gschicht.
Er kennt de raffiniertn Tricks.
Er is bloß Diener und sonst nix,
wer zoit, schafft o und die Moral
is eahm – ois Diener – ganz egal.

D'Elvira hat nix weiter gredt,
aa sie woaß, wia des außegeht.
Ihr tuat des arme Madl leid,
doch d'Weiber werdn ja niamois gscheit.
Sie war ja aa ein blödes Schaf,
schlaft fuchzehn Nächte mit'n Graf.
Sie konn des ganze net versteh.
Es müaßt doch moi a End hergeh!
Sonst hoit der Deife no d'Moral.
Und scho rennt s' auße aus'm Saal.
Doch was der Deife letztlich packt,
erfahrts jetzt glei im letztn Akt.

Vierter Akt

Der Kerznschein leucht übern Tisch.
An Aal in Salbei, Räucherfisch,
Sardinen-Toast, an nix werd gspart,
und Sellerie nach Genfer Art,
des is ois Vorspeis auftragn wordn.
Für Männer gibts an scharfn Korn.
De Damen trinka leichtn Wein,
an hellen Krätzer aus Lagrein.
De Diener renna kreuz und quer
und bringa neue Teller her.
Wenn oan des feine Zeug net schmeckt,
für den werd glei was anders deckt.
Ein Meeresviech in kloane Scheibn,
scho wennstas oschaugst, kannst di speibn.
Dann Krabbensülze, Zwiefe-Toast.
»Der spinnt doch, was des Zeug bloß kost!«

A Musi spuit a Menuett,
net so, daß glei in d'Haxn geht,
und doch a so, daß jeder spürt,
wenn s' lauter spuin, wohi des führt.
Sie schmeichlt wia a Frühlingswind,
der vom Karwendl außakimmt,
a wengerl harb, a wengerl süaß,
ganz langsam geht's na doch in d'Füaß.
In d'Füaß, ins Herz und aa ins Hirn,
der Wein is leicht und doch zum spürn.
So kimmt des oa mitn andern zamm,
de Kerzn no, ma möchts nicht glaam:
de noble Welt is doch was Groß!

»Mein Fräulein, möchtn S' noch a Soß?«
A Diener da, a Diener dort,
der oa rennt mit an Teller fort,
der ander bringt a neu's Gericht.

»Mein Herr, de Krem is ein Gedicht!
Ein Löffel, wenn's gestattet is!«
»Mein Gott, de Umständ und des Gschiß!«
»Na haun s' ma hoit an Schopfa nei,
der Baaz werd net glei giftig sei!«

Der Graf Hallodri sitzt weit vorn,
wo d'Musi spuit auf der Emporn.
Hoch ragt die adlige Gestalt.
Die Zenzi neba eahm hat gstrahlt.

Der Hias sitzt bei de andern Leut,
eahm macht de Gschicht koa bsondre Freud.
Doch schöpft er durchaus koan Verdacht,
er freut se auf sei Hochzeitsnacht.

Die Zenzi aber sagt zum Graf:
»I woaß, daß i beim Hias heut schlaf.
Doch denk i an de Nacht mitn Hias,
dann kriag i jetzt scho koite Füaß!«
Natürlich hat s' des nur so gsagt.
Der Graf hat nix zum Thema gfragt.
Er war se seiner Sach scho gwiß
und hat nur gmoant: »Kumm, Zenzi, iß
und trink an Wein, der geht ins Gmüat,
woaß Gott, was alles no passiert!«

»Woaß Gott, was alles no passiert«,
a zwoatsmoi sagt er's, weng verwirrt,
denn wia er grad zur Tür hischaugt,
da siecht er, was eahm gar net taugt.
D'Elvira kimmt modernst daher,
dahinter no zwoa andre mehr,
der Ottokar und 's Annamirl,
schee hintranander, wia am Schnürl.

»Zum Deife nei, was woin denn de!
He, Uli, de soin wieder geh!
De ghörn net zu de Hochzeitsgäst,
de san net eigladn zu mein Fest!«

Der Uli aber hört des net,
weil er am hintern Eingang steht,
wo Speis und Trank werd einatragn.
Alloa der Uli hat zu sagn,
wia d'Esserei ihrn Ablauf nimmt,
wann des und wann des nächste kimmt.
Er gibt zum Graf a Zeichn hi,
so quasi, jetza kemma Sie
an d'Reih, daß zu de Gäste sagn,
was jetzt de Diener einatragn.

Der Graf schaugt zu der Musi nauf,
a kurzer Tusch, dann steht er auf
und klatscht in d'Händ, sagt »liabe Leut,
i glaab, jetzt werd's allmählich Zeit
für's Hauptgericht! Habts Appetit?«
Da kemmas aa scho rei zu dritt.
Der Uli vorn wia ein Tambur
in Uniform mit goidna Schnur,
in seiner Hand an gschnitztn Stab
und hinter eahm im Facketrab
zwoa Diener, de a Schale tragn
mit einem Riesn-Hammebratn.
De Musi spuit a schnelles Stück
aus Mozarts kleiner Nachtmusik.
– Nachtmusik und Hammebratn –
des paßt net zamm, i muaß scho sagn.
Des war a Panne der Regie.
Der Uli schaugt zur Musi hi.
»Ös Deppn, hab i euch net gsagt,
wenn ma an Hamme einatragt,
dann soits an Militärmarsch spuin

und net grad des, um Gotteswuin.
Den Mozart spuit ma in der Nacht!
In Zukunft werd ois schriftlich gmacht!«

Und wia de Musi aufghört hat,
da steht der Graf scho kerzngrad,
schaugt huldvoll über seine Gäst.
»Jetzt kimmt der Höhepunkt vom Fest!
Jetzt eß ma einen Hammebratn,
wer ihn transchiert, da brauchts net fragn,
i mach mi selber drüber her,
des is ma eine bsondre Ehr.
Wo is a Messer, auf gehts, Leut!«

Der Uli fluacht ois wia net gscheit.
»Wenn ma net alles selber macht!
Z'erst spuins de Musi von der Nacht,
jetzt legn s' koa Messer hi zum Bratn,
den Küchnchef, den kannst daschlagn!
Los, hoits a Messer, aber schnell!«

Da is der Ottokar zur Stell,
langt eine in sei Jaagagwand
und hat a Messer in der Hand.
A Messer mit an Doppelschliff,
mit goidna Knauf und Hirschhorngriff.

Der Graf tuat einen wüastn Schroa,
werd weiß, ois wia a Kieslstoa.
Jetzt steht der Deife neba eahm,
sei ganze Hoffnung bricht in Scherbn.
Da geht der *Koiwe* auf eahm zua!
»He, Koiwe!« schreit er, »Gib a Ruah!«
Und schneidad sagt der Ottokar:
»I moan, daß des a Messer waar,
mit dem ma sowas macha kannt.
Vielleicht aa sonst no allerhand!«

Der Graf nimmt 's Messer schnell an sich,
sei Ausschaugn, des is fürchterlich.
»Da kimmt der Koiwe, laßts euch sagn!
Den Kerl habn s' doch scho längst begrabn.
Der Koiwe is, i siechn guat,
der Koiwe is in seiner Wuat,
weil i den Mensch dastocha hab,
der Kerl verfolgt mi aus'm Grab!«
Er hoit des spitzig Messer hi.
»A Ruah gib, sonst dastich i di!«
Da foit eahm 's Messer aus de Händ.
Der Graf Hallodri is am End.

Der Uli schaugt glei ganz entsetzt.
»Du großer Gott, was dean ma jetzt?
Der arme Graf, um Gotteswuin!
De Musi muaß des überspuin.
He, Musikantn, spuits oan auf,
was habts denn aufm Zettl drauf?«

Der Dirigent schaugt ängstlich ro.
»Wenn s' jetzt transchiern, was paßt denn da?
Mir spuin einfach des nächste Stück,
des is de Kloane Nachtmusik!«

De Nachtmusik hat neamand ghört.
Was jetzt passiert, is unerhört.

Es is de Stund vom Ottokar!
»Leut, wißt's jetzt, wer der Baaze war,
der wo an Koiwe hat ermordt?
Paßts auf, da rennt er aa scho fort!«

Der Graf Hallodri springt zur Tür,
und d'Leut eahm nach ois wia de Stier.
De Weiber kreischn, Teller fliagn,
»Schnell, schickts euch Leut, den müaß ma kriagn!

Wenn der an Koiwe umbracht hat,
dann bring man nei in d'Münchner Stadt
zum Gricht, damit er aufghängt werd,
so, wia's für den Schlawiner ghört!
Los, rennts und hoits'n auf, den Schuft!«

Der Graf erreicht de frische Luft,
laft durch'n Park und naus zum Tor,
dann schnell zur Jaagerleitn vor,
rechts nüber, wo der Friedhof is,
da suacht'n neamand, des is gwiß.
Schnell über d'Mauer und in d'Büsch …

»Den Hunding, wenn i den dawisch!«
schreit scho ganz nah der Ottokar,
der hinter eahm der erste war.

Der Graf steht an an frischn Grab
und denkt se: ›Was i nur grad hab?
De Haxn werdn auf oamoi schwer,
der Schnauferer geht kaam mehr her
und 's Kreuz is steif, ois wia a Baam
im Magn drin ziaghts ma alles zamm!‹

Dann siecht er Kränz und Blumasträuß,
und alles draaht se rum im Kreis.

»He, Koiwe!« schreit er, »gib a Ruah!
Des was d' ma do hast, is Sach gnua!
I wui mei friedlichs Weiterlebn,
he, Koiwe, hörst, a Ruah soist gebn!«

Da tuats auf oamoi einen Schlag
und d'Nacht werd hell, ois wia der Tag
de Kränz, de fanga 's leuchtn o,
de Blumasträuß habn Liachtln dro
und aus'm Grab da kimmt a Stimm:

»He, Graf Hallodri, jetzt vernimm:
Du wuist a friedlichs Weiterlebn?
Da laßt se leider nix dahebn.

Zwoatausnd Madln zerst verführn
und dann auf oamoi Reue spürn
und moana, daß ois guat werdn könnt,
mei liawer Freund, da hast di brennt!
Naa, naa, du Depp, so geht des net.
Da waarn de andern alle blöd,
de garwad habn des ganze Lebn!
A weng Gerechtigkeit muaß gebn.

I bin im Himme, woaß Bescheid,
daß di der Deife hoit, no heut.
Du hast nur ge'rbt und Geld verputzt
und niamois gfragt, was andern nutzt.
Verführn woits d' aa mei Annamirl!
Renn i net aus'm Wachhaustürl
und hau dir oane auf'n Grind,
woaß Gott, was los waar mit mein Kind!
Drauf hast mir an der Leitn ent
dei stehads Messer einegrennt.
Des steht mit auf der Rechnung drauf.
Glei kimmt der Deife, na geht's auf.

I wui net habn, daß d' ewig brinnst
und niamois net in Himmi kimmst,
doch zerst muaß d' büaßn, des is klar.
Wenn nach'm Tod koa Straf net waar,
dann daat a jeder was er möcht.
Sag selber, hab i da net recht?
Der Herrgott wui Gerechtigkeit.
So Graf Hallodri: Jetzt is Zeit!«

Was dann passiert is, liabe Leut,
is gestern gschehng und gschiacht no heut:
daß Feuer übern Menschn kimmt
und er samt Haut und Haar verbrinnt.
Verworfn net in Ewigkeit,
verworfn doch auf gwisse Zeit.
Wenn oana gar nix anders kennt,
sei bisserl Zeit nur drauf verwendt,
ois hätt er von nix anders gwußt,
für nix, ois wia sei eigne Lust,
dann gschiacht, was gschehng muaß in der Gschicht:

Der Himme auseinanderbricht,
a Blitz fahrt von de Woikn ro,
a Häufal Mensch verbrennt wia Stroh.
Nur grad a Augnblick is gwen,
dann hast vom Grafn nix mehr gsehng.
A schwarzer Rauch is aufegstiegn.
A Bröckal Aschn siehgst no liegn.
Sonst is nix übrigbliebn von eahm.

Leut, laßts euch d'Stimmung net verderbn!
An Graf Hallodri gibts net mehr.
Und schaug i grad so um mi her,
dann siech i lauter nette Leut.
Der Deife kimmt bei euch net weit.

Und meine Damen, meine Herrn,
a Predigt liegt mir völlig fern!
A wengerl Lust, des möcht scho sei
– doch buids euch ja net zu vui ei!
Der Deife steckt in jedm drin,
des zu verleugnen hat koan Sinn.
Doch steht a Engl aa danebn,
der helft euch scho de Gschicht dahebn.

So wünsch i euch a scheene Zeit
und guatn Rutsch in d'Ewigkeit!

Die Meistersinger von Miesbach

oder
Wia der Oberförster Stolz den
Stadtschreiber Beck ausgstocha hat

Frei nach der Oper von Richard Wagner

Erster Akt
Wia's gschnagglt hat

Pfingsten neunzehnhundertzehn.
Vui Leut san in der Kircha gwen.
Der Weihrauch hängt im Gotteshaus,
das Festtagsamt des is boid aus.
Der Pfarrer klappt sei Meßbuach zua,
druckt d'Schliaßn nei in aller Ruah.
Heut braucht er wieder ewig lang,
d'Leut drucka scho im mittlern Gang.
De meistn denka scho voraus,
was macha, wenn de Kirch is aus.
So gehts hoit bei a langer Meß.

›Kreuzbirnbaam, daß i net vergeß,
an Schweinsbratn aus'm Rohr raus z'doa,
glei, wenn i hoamkumm, denkt di oa.
Mitn Knödlwasser hat's no Zeit.
Was koch i für a Suppn heut?
Hätt der Pfarrer kürzer predigt,
waar bis zwölfe ois erledigt.
So werds hoit wieder hoiwe oans –
Abndbrot hab i aa no koans.
Der Mo konn d'Arwad net ermessn,
der sitzt se hi und wui sei Fressn...‹
Dahinter glei a anders Wei,
de denkt, daß Bsuach kriagt uma drei.
›Ausgerechnet Tante Marie!
Mein Gott, froh und glückle waar i,
hätt ich s' nur scho wieder drauß!
Was de schwofed is a Graus,
redt a gschlagne Stund alloa
und frißt Kuacha no für zwoa!‹
Männer san im Geiste scho
drübn im Wirtshaus glei nebn o,

sehng se dort scho Kartn mischn.
Mei, und 's Bier werd owezischn!

In der achtn Bank weit hint,
kniat ein wunderschönes Kind,
's Büachl in der gfoitna Hand,
wias der Leibl gmoin habn kannt.
Schaugat füre zum Altar,
wenn dazwischn der net waar,
den s' scho seit'm Gloria
mit de Augn frißt – mein Gott, naa,
werst ihr scho verzeihn de Sünd,
daß sie gar koa Andacht findt.
Des da dort, des waar der Mo!
Zwoamoi hat er umgschaugt scho,
nirgends anderster ois wia,
ganz alloanig hi zu ihr.

Fili uni genite –
's Herz des bleibt ihr pfeigrad steh.
Jetza lacht er her zu ihr!
's Everl gibt se größte Müah,
daß de andern Leut net sehng,
wia sie rot werd und verlegn.
Am Schluß, vorm Deo Gratias,
da hatses gwußt: er wui ihr was ...

So denkt a jeds grad wias eahm taugt.
Der Pfarrer hat sei Gmoa ogschaugt.
Fromm sehr g s' alle zu eahm hin
und so war er wieder zfriedn.
D' Leut habn dreigschaugt recht versenkt,
ma woaß ja net, was jed's so denkt.

De Meß, de ist lateinisch gwen,
und 's Volk hat weiter nix zum redn,
denn lateinisch konn's ja net,

z'Miasbach hat ma bayrisch gredt.
Mancher hätt da dro sei Freud ghabt.
Jeder Mensch hat für sich Zeit ghabt,
daß ma denkt sich was ma wui
und ma hat des schöne Gfui,
wenn ma dableibt bis zum Segn,
daß ma in der Kirch is gwen.

Ma woaß hoit net, was echt, was Schein is,
»Dank sei Gott« – bloß auf lateinisch –
hat der Ministrant na gsagt,
der an Weihbrunnkessl tragt,
der Pfarrer spritzt sein Segn no aus
und scho rumpelns oisam naus.

's Everl bleibt im Friedhof steh,
an Vata siehgt s' ins Wirtshaus geh.
Vom Turm tuats halbe zwölfe schlagn.
»Madl, derf i di was fragn?«
Sagt da plötzlich hinter ihr,
oana, der durch d'Seitntür
scheinbar aussakemma is.
Und da gibts ihr glei an Riß,
draaht se um und schaugtn o –
Und da steht er scho der Mo,
der sie in der Kircha grad
so verdeifet oglacht hat!

»Madl«, sagt er, »hör ma zua,
Deandln wißt i ja grad gnua,
aber du stichst alle aus.
Woaßt, i bin in Münga z'Haus,
da gibts Weiber übernand,
zehne hätt i an der Hand,
koane hat mi intressiert,
– aber jetza is passiert!

Bist verheirat oder net?
I muaß' wissn, Madl, red!«

»Ledig waar i scho«, hats gmoant,
hat se an an Grabstoa gloahnt,
d'Füaß habns beinah nimma tragn,
traut se kaam a Wartl sagn.
's Herz des pumpert wia verruckt,
zittert hats und gschwitzt und gschluckt.

»Geht denn des so schnell bei dir?
Woaßt so vui wia nix vo mir!«
»Madl«, sagt er, »denkst vui zvui,
d'Liab de geht nur nach'm Gfui,
schnaggln muaß da innen drin,
wenns net schnagglt hats koan Sinn!
In der Kirch beim Gloria,
steh i in der Bank so da,
auf amoi gibts mir an Stich,
draah mi plötzlich um und siech,
wias du dastehst! Deine Augn!
Ko schier nimma wegaschaugn.
Woaßt, ma denkt im Lebn so zamm,
was ma für a Frau möcht ham.
So müaßts sei und so und so,
schließlich glaabt ma selm net dro,
daß de gibt, de wo ma möcht
und i moan, i siech net recht,
draah mi um, i woaß net wia,
stehst zwoa Meter weg von mir.
Und scho gibts mir einen Riß,
mein Gott, denk i, schau des is!
Madl, sag mir obs' d' mi magst,
wennst mir nur des oane sagst,
daß du hast des gleiche Gfui,
na ko kemma, was da wui.
Was aa für a Wendung nimmt,

zreißn dua i ois was kimmt!
Woaßt, bei mir werd net lang gfacklt –«

»Ja, bei mir hats grad so gschnagglt,
ehrlich, i bin ganz dakemma,
mechast du mi wirkli nehma?
Wia i dasteh, kost mi habn!
Nur grad oans muaß i no sagn:
Leicht hat 's ganze gar koan Zweck.
Woaßt, da is der Sixtus Beck,
der Bezirksamtssekretär,
der is hinter meiner her.
Und des waar der ganz verkehrter,
so ein Hamme, so ein gscherter,
dreggad isa, wüast und greißlich,
dauernd bsuffa und net häuslich.
Moant, ois waar er wunder wer,
der Bezirksamtssekretär!
Hat mi hundertmoi scho gfragt,
und der Vata hat scho gsagt,
wenn er morgn beim Gstanzlsinga,
daat an erstn Preis erringa,
nacha hätt er nix dagegn,
– vorausgesetzt i daat ihn mögn –
daß i mi verlob mit eahm,
aber liaber wui i sterbn!«

»Deife«, sagt der ander drauf,
»sowas regt mi direkt auf.
D'Liab de kost doch net dazwinga
mit an blädn Gstanzlsinga!«

»Freile net, da hast scho recht.
Es guit ja aa nur, wenn i möcht.
Woaßt, der Vata druckt mi hoid,
weil mir gar koa Mannsbuid gfoit.
›Madl‹ sagt er, ›bin's scho gwohnt,

der wo dir gfoid, lebt am Mond!
Z'Miasbach oder anderswo,
findst du nia an soichan Mo!
In der ganzn Stadt werd gredt:
›Sagns, heirat Eahna Tochter net?‹«
Da legt er sein Arm um sie.
»Madl«, sagt er, »jetzt kimm i!
Sei net traurig, hab an Muat,
d'Hauptsach, mir zwoa san uns guat.
Muaßt ma grad no sagn, wia d' hoaßt,
i bin der neue Förster, woaßt,
und i schreib mi Walter Stolz,
leb vom Jaagern und vom Holz.
Was ma fehlt no, is a Wei,
aber des is jetzt vorbei.
Und wia sag i na zu dir?«

»Everl«, sagts no grad mit Müah,
alles weitre hats verschluckt,
denn dann hat er s' schier dadruckt.
»Madl«, sagt er, »mi hats packt!«
Damit is aus der erste Akt.

Zweiter Akt
Wia oana 's Kammerfensterln probiern wollt

Kuahnacht is über Miasbach gwen.
De Leut san längst im Bett scho glegn,
und brennt a Liacht, kurz da – kurz dort,
geht höchstens oana an Abort.
Oder, was ja aa passiert,
daß irgendoan in d'Haxn friert
und daß er aufsteht in der Nacht,
an Hofa hoaßes Wasser macht,
a Wärmflasch sich ins Bett neiduat,
scho kimmts in Fluß, des koite Bluat!
De Müah is wert, könnts sagn, was mögts,
denn koite Füaß san was verreckts.

An andrer machts auf seine Weis.
Sei Bluat bewegt sich woi im Kreis,
bloß stockts eahm scho a ganze Weil,
in einem andern Körperteil.
Er braucht koa Wärmflasch und koa Liacht,
a jeder woaß, was nacha gschiacht,
er draaht se rum und wieder num,
dann sagt er plötzlich »Wally kumm!«
und schliaft zu seiner Frau ins Bett,
da werd na weiter nix mehr gredt.

Gleich nebn der Kirch, am scharfn Eck,
da steht des Haus vom Sixtus Beck.
Trotzdem er hat a Fuaßbad gmacht,
findt er koan Schlaf in dera Nacht.
Der Apotheker hat scho gsagt:
»Sixtus, wenn's di nachtlings plagt,
da huift koa Fuaßbad, koa Arznei,
du brauchst nix anders, ois a Wei!
Kimmst eh so zammazupft daher.
Du! Ois Bezirksamtssekretär!

A Wei wenns d' hast, de richt de zamm,
so nimm hoit oane, in Gottsnam!«

In jedm Lebn gibts an Moment,
in dem der Mensch koan Hoit mehr kennt.
Oft hat er denkt: des pack i nia,
dann packt er's plötzlich wie ein Stier!
Verdrängt is alles was ihn hemmt,
der ganze Körper dampft und brennt.
Des bläde Flaßbad is für d'Katz!
Der Sixtus springt mit einem Satz
raus aus'm Bett, in d'Hosn nei,
»Der Deife hoi mi, jetzt muaß sei!«
An Janker no und Strumpf und Schuah,
dann no a schneller Blick auf d'Uhr:
hoiwe zwölfe, scho weng spät.
Hat s' an tiafn Schlaf is bläd.
Is leicht grantig, wenn i's weck,
kriagt s' ma gar am End an Schreck.
Saudumm waars, wenn s' recht laut plärrt,
daß der oide Fogner hört.
Nacha stopf i ihr scho 's Mei.
Weiba woin hart oglangt sei.
Wenn s' na siehgt, wia hoaß i bi,
nacha flackt se si scho hi.
Deife, na kos was dalebn.
Ois, was drin is, wer i gebn.
Und damit sie ja net glaabt,
i hätt nur Interesse ghabt,
daß i s' zammpack, Deife nei!
Weng Romantik möcht scho sei!
A Musi, de mei Liab ozoagt,
de glüstig macht, und 's Herz dawoagt!
Da Sixtus langt in d'Schubladn nei,
links hintn, da muaßts drinna sei.
Hans Sachs, der Heimatpfleger sagt,
wer des bei sich im Janker tragt

und zu an Fenster aufesteigt,
damit se ebbas zammageigt,
und Angst hat, daß s' koan guatn raucht,
mit dem fängst d'Weiber, wia mas braucht.

Auf gehts, Sixtus, höchste Zeit,
as Haus vom Pogner is net weit,
de Hauptstraß bis zum Bäcker Zwick
und dann rechts nei a kurzes Stück
und dann schräg links – zum Gasthof Zweng,
– da brennt a Liacht, des hat er gsehng –
vorbei am neua Spritznhaus,
scho steht er dort am Pognerhaus.
Er speibt in d'Händ, geht zur Remis,
weil da a lange Loater is.
Er nimmts und stellts an d'Mauer hi,
im ersten Fenster rechts schlaft *sie*.
De Oidn schlaffa hintn naus.
De hörn des nia durch's ganze Haus.
Der Oid is dorad, sie is krank,
und Hund habns aa koan, Gott sei Dank.

Er laßt se no a wengerl Zeit.
Ois is so ruhig weit und breit.
A Lüftal waaht, der Flieder riacht,
da spürt er's, wias eahm aufakriacht,
de gaache Liab, der hoaße Druck.
Sixtus, los, es gibt koa Zruck!
Er steigt de erste Sprossn nauf,
de zwoate dann, de dritte drauf.

Bei der viertn, liabe Leut,
laßts ma schnell a wengal Zeit.
Zwischndrin is ebbas gschehng,
net weit weg, im Gasthof Zweng.
Wer da sitzt, den kennt a jeder,
Hans Sachs, der oide Heimatpfleger.

Rund um eahm so fuchzehn Leut.
»Burschn«, sagt er, »seids ma gscheit!
Laßts de oidn Brauch net sterbn,
des Guate muaß erhoitn werdn.
Ja mei, was habn mir früher gmacht.
San net bloß in d'Maiandacht!
Nachtlings hat se no was grührt!
Und was is heut? Seids alle müad!«

In dem Moment stürzt oana rei:
»Der Sixtus steigt beim Everl ei!«
Der Daxer wars, mit Schaum vorm Mund.

»Des is net mögle, sonst bist gsund?«
Schrein alle durcheinander glei:
»Der Sixtus steigt beim Everl ei?«

»Glaabts mas!« hat der Daxer gsagt.
»I siechn, wiara d'Loater tragt
und zum Fenster himaschiert.
Schickts euch, eh no was passiert!
Leut, stehts auf habts koane Boin,
a jeds von uns hätts 's Everl woin,
jedm hat si d'Hand ausgschlagn
– der schiache Depp brauchts aa net habn!«

Der Daxer war no net am End,
da sans scho alle außegrennt.
Der Sachs sitzt plötzlich ganz alloa.
Er is scho oid, was soi er doa!
Er trinkt sei Bier schö langsam aus,
steht auf und schaugt zum Fenster naus.
's is finster drauß, er ko nix sehng.
Was werd jetzt mit'm Sixtus geschehng?
Mitn Everl gar? Sie tuat eahm leid.
Wenn er no jung waar, des waar gscheit.
Dann daat er s' nehma bei der Hand

und gang mit ihr am Wiesnrand,
daat ihr vom Frühling was erzähln,
ois andere, des kaam von selm.

Wer soi s' jetzt heiratn, 's is zum Woana,
von dene gschertn Glaachen koana.
Jeder glaabt se woaß wia schneidig,
oana is dem andern neidig.
Dean se da um mi versammeln,
plötzlich rennas wia de Hammeln.
Ausdrück habns und raffa deans,
oiwei no verrückter werdns.
Die Welt zerfoit in Zank und Streit.
Für oan wia mi werds langsam Zeit.
Ma ko des ganze net versteh.
»Da Zenzi, nimm dei Geld, i geh.
Drei Brot, an Pressack und zwoa Bier,
achtzg Pfenning machts, der Rest ghört dir.
De Oidn werdn hoit gern verlacht.
Mei schönes Miasbach, guate Nacht.«

De Burschn san beim Feuerhaus
und ziahng de große Spritzn raus.
»An Schlauch hi, leise, machts koan Lärm!
Der Sixtus derf uns ja net hörn.
Zwoa Mann an d'Pumpn, oans an Schlauch,
glei schwoaman weg, den Klätzndauch!«

Der Sixtus aber steht hoch obn
und hat se langsam füregschobn.
Meisalstaad is drin im Haus.
Jetzt ziahgt er de kloa Musi raus
und hebt se nomoi höher nauf
as Fenster steht a Handbreit auf.

»Everl, bist drin?
Schaug außa zu mir!

I hab was im Sinn!
Bin hoaß wia a Stier!«

»Everl, schaug raus,
bist drin oder net?
I hoits nimmer aus,
i wui in dei Bett.«

Auf oamoi duat wer einen Schrei.
»Paß auf, jetzt hauts di eine glei!«
So hört er hint de Burschn plärrn,
er woit se schnell nach hintn kehrn.

Der erste Strahl, der geht vorbei
pfeigrad in d'Menschakamma nei.
De ganze Bettstatt is dawoagt,
dann hats'n arschlings einegschwoabt.

Ich brauchs euch weiter net beschreibn.
Ma woaß ja, wia's so Burschn treibn.
Es hat net bloß an Sixtus goitn.
De mehran von de Burschen woitn,
– so Lackln san ja furchtbar gschert –
daß aa as Everl eigspritzt werd.
Doch de war net im Zimmer drin.
Sie hat zum Walter gsagt: »I kimm,
wenn der Vata schlafa duat
gega neune hinter 's Guat.
Unterm Holler is a Bank,
und recht hoamle, Gott sei Dank.«

Wenn der Holler kimmt in d'Blüah,
hat a Mo koa große Müah,
wenn er nur grad findt de recht,
nacha kriagt er, was er möcht.
Der oa hats leicht, der ander schwer.
So, jetzt ghört a Musi her.

Dritter Akt
's Gstanzlsinga

Deife, is da des a Lebn!
Volksfest is in Miasbach gwen.
In der Fruah um sechse scho
fangas mit de Böller o.
Und um zehne is na Kirch,
's Weda is aa gar net schiach.
Draußn aufm freien Feld
steht a riesigs Blachazelt.
Außn rum drahn Karussell,
a »Haut den Lukas« is zur Stell.
Um a Fünfal kriagst a Gfrorns.
A Kind zoagns her, a totgeborns,
des hat zwoa Köpf in Spiritus.
Für a Zwanzgal machst fünf Schuß
auf a große Schütznscheibn,
drübn duat oana Feier speibn.
Glei nebno ko'st alles habn,
was ma braucht für Geist und Magn.
Bärndreck, gweichte Amulettl,
Kreuzal an am suiwan Kettl,
Gummiguatl, Wetterkerzn,
Liebesberl und Kuachaherzn,
Andachtsbuidl, groß und kloa,
Rosnkränz aus Birknstoa.
Kinder schrein zum Kasperl nauf:
»Kasperle, paß auf, paß auf.
Hinter dir is Krokodui!
Siehgst net, daß di fressn wui!«

Jessas, Fressn, apropo,
Brotzeit, de gibts nirgendswo.
Essn kriagt ma nur im Zelt,
a hoiwe Stund, nachdem mas bstellt.
Denn um sechse wars scho voi.

Eng wia in an Hennastoi
sans beinanderghockt de Leut.
Und um seme war's so weit,
daß de Festlichkeit beginnt.
»Auf der Alm da gibts koa Sünd«
singt ein strammer Männerchor.
Dann tretn junge Madln vor,
singa 's Liad vom Jaagersbua,
Fenster auf und Fenster zua.
De gsungna Sachan kemma zerst,
weils d' es späta nimma hörst,
denn wenns bsuffa san de Brüada,
singas ihre eigna Liada.
»Es war ein Schütz« und soichan Schmarrn,
haun in Tisch nei wia de Narrn.
Vom Gamsgebirg und Büchsnknall,
»Es braust ein Ruf wia Donnerhall«,
»Warum ist es am Rhein so schön«,
»Wo die grünen Tannen stehn«.

Ois nächstes kummt a Blasmusik,
dann a kloans Theaterstück.
Der oide Sachs sitzt vorn am Tisch,
in der Hand an kloana Wisch,
wo 's Programm ist aufnotiert.
Er war a wengal irritiert.
Wenn de oisam bsuffa san,
schmeißn s' eahm des ganz Programm.

»Leut, bevor ma weitertrinka,
fang ma o mitn Gstanzlsinga!«
hat er oiso lauthois plärrt.
»Wer fangt o, so wia ses ghört?
A anderer, der singt dagegn.
Sixtus, daazt du oiso mögn?«

»Vom Mögn, da is scho gar koa Red.
Doch i konn heut leider net.
I hätt mi ja der Sach gern gstellt,
doch i bin so arg erkält.
Hörtses, wia i huastn tua,
laßts mi liawa heut in Ruah!«

»Sixtus«, hat der Sachs drauf gsagt,
»wenn di so der Huastn plagt,
nacha sagst de Gstanzln so!
Wer is na der andre Mo,
der an Sixtus redt dagegn?
Der soi jetza füretretn!«
Neamand rührt se, ois is staad,
nur ganz hint, der oane grad,
kimmt daher und stellt se hi:

»Leut, woits wissn, wer i bi?
I leb vom Jaagan und vom Holz.
I bin der Oberförster Stolz!«

»So, des waar der zwoate Mo.
Auf gehts Leut, jetzt fang ma o!«

Beck: »Du bist ja aus Münga,
      bleib da, wos d' highörst!
      Du kimmst bloß nach Miasbach,
      weilst in Münga nix werst!«

Stolz: »Vorm Deandl sein Fenster
      hams a Spritzn higmacht.
      Kimmt der rechte Bua net,
      rutscht er aus bei der Nacht!«

Beck: »In Münga gibts Flitscherl,
      de passn für di!

Aber a Miasbacher Deandl
laßt koan Stadtara net hi.«

Stolz: »De Miasbacher Deandln
san ganz narrisch auf mi.
De lassn an Jaaga
no allaweil hi.«

Beck: »Du saudumma Jaaga,
laß d'Madln in Ruah!
Mir braucha koan Jaaga,
ham Wuidschützn gnua!«

Stolz: »Bist naufgstiegn zum Madl,
es hat dir nix gnützt,
Dafür hams dirs Arschloch
mit Wasser ausgspritzt.«

Beck: »Du saudumma Jaaga,
i werd dafür sorgn,
daß di wieder hoamschicka,
liaber heut ois wia morgen!«

Stolz: »Du bist vom Bezirksamt,
aber hast nix zum redn.
Du konnst dir nur d'Haxn
unterm Schreibtisch vertretn!«

Beck: »Und du bist a Förster
und hast nix zum doa!
De Miasbacher Baam,
de wachsn von alloa!«

Stolz: »Wennst jetza net 's Mei hoitst,
verzähl i genau,
was gestern passiert is,
du wampade Sau.«

Beck: »Was gestern passiert is,
       geht neamand was o.
       Mir foit nix mehr ei,
       jetzt bist du wieder dro.«

Stolz: »Du saudummer Schreiber,
       dir foit nix mehr ei,
       wennst nix mehr zum sagn hast:
       sitz di hi und hoits 's Mei!«

Der Sixtus war a gschlagna Mo,
er hat versunga und verdo.
So geht des Volksfest seinen Gang.
Zwoa junge Leut hoits nimma lang.
Verliabte san hoit gern alloa,
so gehngas außedre alle zwoa.

»Everl«, sagt er, »hör auf mi,
oa Gstanzl hab i no für di.
De andern warn a wengerl hart,
drum hab i oans für die aufgspart:

»O du liabs Schatzale,
bist mei kloans Spatzale,
Everl, mei Butzale,
bist mei kloans Schnutzale!
's Fenster werd offa sei,
laßt mi ins Kammerl nei!
D'Bettstatt, de werd se biagn,
wern ma vui Kinder kriagn.
Madln drei, Buama drei,
oana muaß a Jaaga sei!
Everl, mei Schatzale,
hab di so gern.«

Salome

oder
Wia der Prophet Jochanaan verratn,
versuacht und köpft worn is

Frei nach der Oper von Richard Strauss

Erster Akt
Wias'n verratn habn

In der Wüste von Judäa
steht – vom Kopf bis zu de Zeha
ozogn mit Kamäihaargwand –
a Prophet im Wüstnsand.

Jochanaan hat er sich gschriebn,
is zehn Jahr in der Wüste bliebn,
hat morgns und aa zum Mittageßn
a Handvoi dörrte Heuschreck gfreßn,
an wuidn Honig zwischn nei,
denn ohne Zucker geht ma ei;
und von de Heuschreck hat er gwußt,
daß de vertreibn de Fleischeslust.

De Leut, de zum Jochanaan
in d' Wüste außekemma san,
warn einfach und zum Teil stinkfein
und in der Hauptsach zwoa Partein:

De Sadduzäer warn de oan,
habn gsagt, sie san aa für de Kloan.
Auf Judnstolz habns net vui gebn:
»Wir müaßn alle zammalebn!«
habns gmoant. »Es waar doch aa vui scheener,
wenn wir mit Griechn und mit Römer
a Internationale hättn,
des waar vui wichtiger wia 's Betn!
Der Judnglaubn und d' Politik,
de ziahng net oiwei an oan Strick;
drum is' am bestn, wenn de zwoa
net allzuvui mitnand habn z'doa!
Mir san d' modernere Partei
und im Gerecht- und Ehrlichsei

hat uns no neamand überbotn!«
– Heut daat ma sagn, des san de Rotn.

Dann hat s no d' Pharisäer gebn,
habn gsagt, daß' nach der Bibel lebn;
es gaab seit Vater Abraham
koa besseres Parteiprogramm!
»Ois, was de Politik betrifft,
steht drinna in der Heilgen Schrift!«
Doch habns vor Eifer übersehng,
daß' selber nach der Bibel lebn.
Und mancher, der recht fromm hat do,
hat andre bschißn, wo er ko.
– Ein schönes Gsicht, hätt's koane Warzn;
heut daat ma sagn, des san de Schwarzn.

De Rotn und de Schwarzn san
in d' Wüste zum Jochanaan,
damit sie draußn von eahm hörn,
daß andere sich soin bekehrn.
»Fang o«, habns gsagt, »und red net zvui!
Hast net was z'trinka und an Stui?«
Und des war foisch, denn a Prophet
steht über so an blädn Gred.

Dann redt er, der Jochanaan.
D' Leut rucka alle näher zamm.
»I woaß scho«, sagt er, »was ihr woits
in euerm hirnverbrenntn Stoiz!
Ihr moants, daß der Messias kimmt,
und 's große Judnreich begründt,
und daß vor neamd mehr buckln brauchts
d' Besatzungsmacht zum Deife hauts!
Daß alle kemmts zu Glanz und Macht
und oisam reich werds über Nacht,
daß koane Steuern brauchts mehr zoin,
koan Zehntn mehr, des daat euch gfoin.

Daß koans mehr von euch hungern müaßt,
weil endlich Muich und Honig fliaßt,
und daß koa Trocknheit mehr is,
kurzum – a irdisch Paradies!
Euch hat doch woi der Deife bißn
oder wer ins Hirn neigschißn!
Nix werd's mit dem, auf was ihr warts!
Der nach mir kummt, von dem erfahrts,
was nötig is in dera Zeit,
denn 's letzte Gricht is nimmer weit.
Euch geht's doch nur um Macht und Geld
– *sei* Reich is net von dera Welt!
Im Tempe stellts euch ganz vorn hi
und opferts dort des größte Vieh,
bloß daß ma siehgt, wia fromm ihr seids
– wennts außekemmts, frißt euch der Geiz!
Und überhaupts, wia habn'mas denn?
Koa Mensch wui nachm Gsetz mehr lebn!
Ganz obn fangts o, de Schlamperei –
von wem i red? Wer werds'n sei? –«
Die Stimme des Propheten ruft:
»I moan Herodes, diesen Schuft!
Er siehgt de Frau von seinem Bruader,
der wüaste Hamme, und was duat er?
Er nimmts eahm weg, ois waar's a Spaß
und macht sie zur Herodias!
Zuvor schickt er sein eignes Wei
erbarmungslos in d' Wüste nei!
Wer so was duat, so steht's im Buch,
begeht gemeinen Ehebruch!
Drum sag i's nomoi ohne Schiß,
daß er a wüaster Hamme is.«

Da schreit a Mo aus Magdala:
»Habts des jetzt ghört? Was sagt er da?«
Und aus Gerasa ein Levit,
der sagt: »Do dua i nimmer mit!

An König hast beleidigt gar,
hast gsagt, daß des a Hamme waar!
Wia ko ma sowas offn sagn!
Werst sehng, des kost' di Kopf und Kragn!«

Wer mehr ois zehne vor sich hat,
muaß rechnen, daßn oans verrat –
und a Jurist aus Jericho
reit' auf seim Esel scho davo.
Er reit' bei Tag und aa bei Nacht
und hat nur oamoi Brotzeit gmacht.
Sei Hintern duat eahm weh und weher,
doch heil erreicht er Galiläa.
Dort is des Schloß vom König gwen,
von weitn hat ma des scho gsehng.
Der Wächter führtn glei durchs Tor
– an Judas laßt ma oiwei vor.

Der König, wia er alles hört,
hat glei sein Hauptmann zammaplärrt:
»Du reitst sofort in d' Wüste naus
und hoist den Gloiffe mir ins Haus!
Doch sei net allzu grob mit eahm,
sonst kunnt'mas leicht mitn Volk verderbn,
mit dem wui i koa Streiterei,
hab eh gnua Stunk scho mit mein Wei.«

Zweiter Akt
Wias'n eigsperrt habn

Am übernächstn Tag is gwen,
Herodes is am Diwan glegn,
d' Herodias sitzt auf an Stui
und macht mit eahm a Mühlespui.
Und auf an Poister nebn ihr
liegt hingehaucht des Hauses Zier,
de Salome, des Kind, des wo
sie ghabt hat von ihrm erstn Mo.
A saubers Madl. Neunzehn Jahr.
Mit greane Augn und rote Haar.
A wengerl stechad war ihr Gschau,
doch sonst der ganze Körperbau –
ein Kunstwerk war's von einem Wei!
Wohi des führt, erfahrts na glei.
Beim Tanzn is – des werds derlebn –
pfeigrad ois wia der Deife gwen.

Da kummt der Hauptmann rei zur Tür
und macht sein Servus mit Geklirr.
Stoiz reißt er seine Hakn zamm:
»Do hab ihn, den Jochanaan!«

Do steht er aa scho, der Prophet,
und fangt glei o mit seiner Red:
»Was is denn los, was wuist von mir?«
sagt er und steht no an der Tür.
»Wennst moanst, daß i mi schrecka laß
von dir, Herodes Antipas! –
A neue Zeit fangt jetza o,
was z'unterst is, werd obn hido,
was krumm is, des muaß grad gmacht wern
und 's Gsetz, des guit für Knecht und Herrn!
Du hast Philippus, deinem Bruader,
sei Wei weggnomma, dieses Luader!

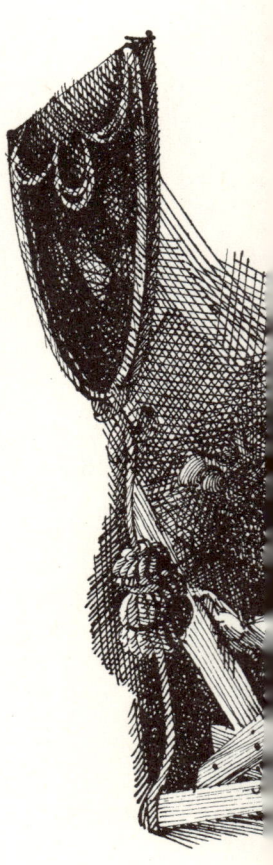

I woaß, daß sie in geiler Weis
di rumkriagn woit um jedn Preis.
Dei Frau, de hast in d' Wüste gschickt,
weil in deim Bett de ander liegt!
Du bist a König, stehst vorn dro,
und d' Leit, de schaugn auf soich an Mo.
Drum soist du a guats Beispui gebn
und nach Gesetz und Ordnung lebn!
I woaß, wer oschafft, des is sie,
und trotzdem sag i dir des hi
– und wenn s mi mit de Augn aa frißt –,
daß du a wüaster Hamme bist!«

Da duat d' Herodias an Schroa,
sagt zu ihrm Mo: »Jetz muaßt was doa!
Stehst do und laßt dir alles gfoin!
Sofort laßt jetzt an Henker hoin!«

Herodes aber, der kriagt Schiß.
Oans is auf alle Fälle gwiß:
Wenn er den Kerl do köpfa laßt,
is er beim Volk no mehr verhaßt.
De Zeitn stehna eh auf Sturm!
»Auf, sperrts den Kerl in finstern Turm!
Und deats ma Tür ja guat verschliaßn!
Den ›wüastn Hamme‹ muaß er büaßn.«

Jochanaan woit no was sagn,
da habns'n aa scho niedergschlagn
und tragnan naus ins finstre Loch.

Zwoa Augn, de schaugn eahm seltsam nach …
Sie ghörn Prinzessin Salome,
sie daat am liabsten mit eahm geh.
›Wenn der frisiert und gwaschn waar‹,
denkt sie, ›dann waar er wunderbar!‹
A Mo, so ganz nach ihram Gust …
Und scho verspürts a hoaße Lust,
ganz hammedamisch war ihr Sinn –
doch im Moment war da nix drin.

Dritter Akt
Wiara versuacht worn is

Ganz unt im finstern Turmgeschoß
– der Raum war koid und aa net groß –
liegt der Prophet Jochanaan
und wünscht se, daß boid jemand kaam,
der eahm a weng was z'essen bringt
und Luft reilaßt, weil's gar so stinkt.
Drei Tag lang liegt er jetzt do unt
und wart' scho auf sei letzte Stund.
Am viertn Tag in aller Früah,
da rührt se ebbas an der Tür.
Und wer kimmt rei? Ma möcht's nicht glaabn!
Schier kummt's eahm vor, ois waar's a Traam ...
Im Liacht stehts do ois wia a Fee:
die Königstochter Salome!
A Gwand hats oghabt, so dünn scho,
daß ma sein Teil sich denka ko.

»Ja mei, was habns denn dir odoa!
Liegst do verlaßn und alloa!«
sagt sie und geht glei auf eahm zua.
»Dei Schicksal laßt mi net in Ruah!
Schau her, i hab dir Brot mitbracht,
a Deckn und a Kiß für d' Nacht,
sonst werst ma gar am End no krank.
Nimm's unscheniert, i wui koan Dank.
Und Durst werst habn, des denk i mir,
do schau, des Krüagl Wein ghört dir!
Wennst no was brauchst, dann sag ma's nur,
i kumm jetzt öfters in der Fruah.«

Doch der Prophet rührt nixn o,
des ganze macht'n net recht froh,
und schließlich fragt er gradaus zua:
»Sag moi, was soi denn des Gedua?«

Verwundert antwort' d' Salome:
»Ja findst du des von mir net schee,
daß i mir Sorgn mach um di?
Geh weiter, laß mi a weng hi!«
Sie sitzt se pfeigrad nebn eahm
und scho spürt er ihr Körperwärm …
»I dua's hoit, weilst mi intressierst …
I findt, du bist fei gar net wüast!
Wennst zünftig waarst und net so faad,
hätt 's Lebn no allerhand parat …
Wennst net Prophet waarst, daat i sagn,
mir kanntn uns recht guat vertragn!
Vielleicht kannt i aa dafür sorgn
daßd frei werst, wenn aa net glei morgn.
Was is des scho, so a Prophet!
Hast nix wia Ärger – oder net?
Liegst do im Turm, wartst aufn Tod …
Do schaug, jetz iß a Stückl Brot;
a Schlückerl Wein kannt aa net schadn –
morgn bringada an Antnbratn.
Und koid is do!« sagt d' Salome.
»Magst net a Tasserl hoaßn Tee?«

Do is passiert, der Dampf is raus:
»Du Schlanga, jetza druckst di naus!«
schreit der Prophet und zoagt zur Tür.
»Mit so an Schmarrn kummst du zu mir!
Moanst, daß i mi an di verkaaf?
Do nimm dei Glump – und jetza laaf!«

»Du Narr!« schreit do de Salome
und springt mit einem Satz in d' Höh.
»I hätt di do bloß rettn woin!
Doch freili hätt i wißn soin,
daß so ein deppader Prophet
von Lebn und Freiheit nix versteht!
I hab an andern Mo im Nu,

der net so dreckad is wia du!
I möcht nix habn – du meiner Säi! –
mit so an wüastn Boanagstäi!
Do moant ma wunder was ma duat
und is zu so an Ramme guat,
derwei moant der, i daat eahm schee.
Ausgrechnet i, die Salome!«

Sie schaugtn weiters nimmer o
und nimmt ihr Sach und rennt davo.
Verletzter Stoiz, der duat hoit weh,
a recht verzogna Fratz wars eh;
und wias na drauß war auf der Straß,
da war sie nur no blanker Haß.

Vierter Akt
Wias'n köpft habn

Jubilierts und freuts euch, Leut,
der König hat Geburtstag heut!
Er gibt deswegn für hundert Gäst
im Säulenhof a großes Fest.

De Hitz vom Tag war grad vorbei,
vom Meer her kimmt a Winderl rei.
Der Mond hat längst sei Liacht okent,
und Fackln brenna an de Wänd.

De Dienerschaft schleppt Zeug daher,
des beste Sach von Land und Meer.
An Tintnfisch aus Askalon,
in winzig kloane Scheiberl 'bratn,
den hat's ois leichte Vorspeis gebn,
dazua an Wein aus Bethlehem;
der war ganz dünn, macht koane Räusch.
In Muich gesottnes Hammefleisch,
des war dann scho der nächste Gang,
und so habns geßn ziemlich lang.
Zu jedm Fleisch hat's gebn a Gmüas
und bachans Zeug aus Mais und Grias.
Mit insgesamt so fuchzehn Gäng,
do ziahgt se sowas scho in d' Läng.
Und wias dann so um Mitternacht
ois Nachtisch no an Kaas habn bracht,
da warn de meistn scho so voi,
daß' gfragt habn, wer den eßn soi.

»Leut!« hat do der Herodes gschrian,
»wir müaßn uns a wengerl rührn!
Los, reißts euch zamm, stehts oisam auf,
mir macha an kloan Dauerlauf!«

Da warn auf oamoi alle frisch,
san rumtanzt um de ganzn Tisch.
De Musi spuit a Polonäs ...
»He Salome, was waar denn des?
Du tanzt ois oanzige net mit –
moanst, daß i di no extra bitt?«
sagt der Herodes und bleibt steh.
Tatsächlich hockt de Salome
verdruckt und koid ois wia a Fisch
ois oanzige an ihram Tisch.
»Geh weiter, gstell di net so bläd!«
doch sie sagt: »Na, i mag heut net.«
Herodes draaht scho bäse Augn.
»Siehgst net, wia alle heraschaugn!
Jetzt mach dc net a soichas Gfrett!«
doch sie sagt: »Na, i mag heut net.«
Da war der König außer sich
und sagt: »Wenn i dir was versprich,
dann daatst du woi so gnädig sei
und mitdoa bei der Tanzerei?
Blamiern wuist du mi bis aufs Boa!
Nix do, jetzt tanzt du grad alloa!
Und daßd net moanst, daß mi was reut,
– wo i doch hab Geburtstag heut –
wennst tanzt hast, derfst was wünschen dir;
ganz wurst was is, kriagst ois von mir.
Is des a Wort, he, Madl, red!«
Doch sie sagt: »Na, i mag heut net.«

Do siehgt ma, wia d' Herodias
auf d' Seitn schiabt ihrn Antipas,
ganz nah zu ihrer Tochter geht
und ihr was sagt, was neamd versteht.

Da glüahn de Augn der Salome ...
Sie rumpet mit oan Satz in d' Höh.
Herodes schaugts erschrockn o,

und sie sagt: »Jetza mag i do!
He, Musikantn, spuits oan auf!
A gaache Musi ghört do drauf!«

As Madl tanzt – ois wia der Wind,
der von der hoaßn – Höi rauskimmt;
as Madl tanzt – net zum beschreibn,
ois daat's der Deife – selber treibn.

He Madl, hoit – brauchst koan Verschnauf?
Doch sie tanzt zua – und hört net auf.
As Madl tanzt – Gott steh uns bei,
ois daat's der Deife – selber sei.

As Madl tanzt – grad wia verhext,
und jetzt hat's gar – ihr Gwand derfetzt,
und jetz foits hi – neamd ko was doa,
a nackads Mensch – liegt aufm Stoa.

Herodes war a weng verlegn,
duat ihr an Mantl umalegn
und sagt zu ihr: »Schee hastas gmacht,
jetzt gehst aufs Zimmer, guate Nacht!«

D' Herodias, de steht net weit
und zischt: »Du bist woi net ganz gscheit!
Woaßt nimmer, daßd versprocha hast,
– aa wenn's dir net ins Zeugl paßt –
daß, wenn sie tanzt, so wiastas wuist,
ihr auf der Stell an Wunsch erfuist?«

»Na guat«, sagt er, »was sois denn sei?
A Diadem mit Perlen drei? –
Vielleicht a Kettn mit Rubin? –
A Gwand mit Goid und Suiber drin? –
An Ring mit scheene Edlstoa? –
He, Madl, red, was soi i doa?«

Doch d' Salome, de sagt koa Wort
und schaugt in Bodn nei in oan fort.
Ihr Muatter, de nebn ihra steht
und plötzle oan Schritt fürageht,
de sagt: »He, Madl, reiß de zamm!
An Kopf möchts vom Jochanaan!«

»An Kopf möchts vom Jochanaan? ...«
Herodes is glei zammagfahrn.
»Des is net wahr, des ko net sei!
Sie is doch gfragt – hoit du dei Mei!
– Sag, Salome, was mögstn dann?«

»An Kopf, ja, vom Jochanaan!
Auf suibern Teller möcht i'n habn!«
schreit d' Salome, »und zwar jetzt glei!
Kumm mach, und ruaf an Henker rei!«

Da tuschln d' Leut scho alle zamm:
»An Kopf möchts vom Jochanaan ...!«
De oan schrein: »Bravo, des is recht!«
De andern moana: »Des is schlecht!
Denn 's Volk steht auf, wenn's des erfahrt,
Weil's vom Prophetn was erwart'!«

Der König aber stellt se hi,
sagt: »Salome, jetzt bitt i di,
sag, daßd was anders wünscht von mir,
ganz gleich, was is, des schenk i dir.
An Schatz aus Goid und Suiber schwer –
a Schiff, daßd fahrn kost übers Meer –
Ois, was i hab an Edlstoa –
a Schloß, so ganz für di alloa –
Aus reinem Goid a Himmebett –
A Land am See Genezareth –
A hoibads Königreich kost habn –«

»An Kopf möchts vom Jochanaan!
Von dir Herodes Antipas!«
schreit gellend laut d' Herodias.
»Mach Schluß do mit der Feilscherei,
du hast's versprocha – jetz muaß' sei!«

Do woaß der König: Jetzt is aus.
Er hebt sei Hand – und schickt wen naus.
Der Henker kimmt – der Henker geht,
was des bedeit', a jeds versteht.
An Kopf möchts vom Jochanaan –
er hat's versprocha – sois'n habn.

(Eine Randbemerkung für den Bedarfsfall:

Und damit is mei Gschicht am End,
mitn weitern is ja nix derkennt.
Wia's in der Oper dargstellt werd,
des laag in dem Gedicht verkehrt:
zum Beispiel wia der Henker kimmt
und wiara dann des Teller gschwind
legt in die Hände Salomes,
ois waar's a warmer Leberkäs,
und sie dann hupft ois wiara Goaß,
daßd moanst, jetzt laffa d' Bandscheibn hoaß.
Na, des is was für d' Opernleut,
de habn an soichan Sach a Freud …)

Die Predigt des Jochanaan

A Heiliger verliert sei Lebn,
i moan, er hat's für d' Wahrheit gebn.
Hat gsagt zum Volk: »Duats euch bekehrn,
was krumm is, des muaß grad gmacht werdn!«
Hat mit seim Beispui hart verlangt,
daß jeder bei sich selbn ofangt.

Hat gschlaffa auf an hartn Bett
und sich mit Heuschreck durchegfrett.
Grad deswegn sans eahm nachegrennt,
mit so an Mo is was derkennt.

Damit is d' Gschicht für mi erledigt,
was für uns bleibt, des is sei Predigt.
I moan sei Predigt, net de mei;
i möcht net so vermessn sei.

Leut, raafts euch net um Macht und Geld,
as Glück is net von dera Welt.
Drängts euch net vor in d' erste Reih,
de erstn werdn de letztn sei,
und wer in Demut hintn wart',
dem is a guater Platz aufgspart.

Wenn oans sei Geld an Arme gibt,
soi net drauf lurn, daß jeder siehgt.
Und wer sich selbn net wichtig nimmt,
auf den a inners Liacht zuakimmt;
denn hinter allem, was ma macht,
leucht uns a Stern in d' finstre Nacht.
Des guit aa für de Politik,
de gmacht werdn soi zu unserm Glück.
Ob's Rote oder Schwarze san,
koans bringt auf d' Dauer ebbas zamm,
wenn's Liacht net hinter allem steht,
des aa no brennt, wenn ois vergeht;
denn Menschn schaffa, des is gwiß,
gar nia a irdisch Paradies.

Des weitre in der Bibel steht,
und guat waar's, wenn ma's lesn tät.

(An das Publikum gerichtet:)

I woaß scho, euch betriffts ja kaam,
de Predigt des Jochanaan.
Daat er euch sehng, hätt er sei Freud –
seids oisam ja *so nette Leut!*

Der Freischütz

oder
Wia a jaager auf net ganz saubere Weis
zu seim Wei kemma is
Frei nach der Oper von Carl Maria von Weber

Erster Akt

Der Max, des is a Jaager gwen,
a gschickter Bursch, fesch und verwegn,
a Mordskerl, wia ma hoit so sagt,
und bei de Madln war er gfragt.

Er aber woit a Wei hoamführn,
koa Dicke, koane von de Dürrn,
koa Schiache und scho gar koa Faade,
kurzum, sei Schwarm, des war d' Agaade.

»Do kunnt a jeder herakemma
und mir mei Tochter weganehma!
Bevor du kimmst in den Genuß,
machst du mir einen Probeschuß!«

hat eahm der Förster Kuno gsagt.
An Max hat des net weiter plagt.
›Agaade‹, denkt er, ›ghörst ma scho!
Im Schiaßn duat ma's koaner ro!‹

Doch wia der Tag is nähergruckt,
do hat's eahm in de Finger zuckt;
und grad, ois hätt er drei Tag gsoffa,
hat er auf oamoi nix mehr troffa.

»Durch die Wälder, durch die Auen,
was mein Auge könnt erschauen,
hab ich gschoßn mit mein Gwehr ...«,
so sagt er no am Abnd vorher.

»Doch jetzt, wo 's Glück steht aufm Spur
und i d' Agaade hoamführn wui,

do triff i ums Verrecka nix,
ois saaß der Deife in der Büchs.«

Der Deife ist schnell bei de Händ,
brauchst eahm bloß schrein, na kummt er grennt.
Natürli net so wiara is:
Sei Larva is a Menschngfrieß!
Ois so a Luader von an Wei,
ois schlechter Freund ko's diamoi sei.
Und wenn der Mensch fürs Lebn was wui
und net erreicha ko sei Zui,
na steht der Deife aa scho do
und sagt eahm: »Mach's doch so und so
und scheiß dir nix, was sagn de Leut,
de Hauptsach is, du hast dei Freud!«

Gar oft is hoit auf dera Welt
mitn Gottvertrauen net guat bstellt.
Statt daß er sagt: ›In Gottes Nam!‹
– duat sich der Mensch mitn Deife zamm.

Der Deife war in unserm Foi
a ganz a finstrer Jaagersgsäi.
Vo in der Fruah bis nei in d' Nacht
hat er bloß gsuffa, gfluacht und glacht
und d' Leut verspott, de ebbas gebn
auf Gott und auf a rechtes Lebn.
Kaspar is sei Nama gwest;
und nachdem der letzte Rest
von a Kanna Wein war trunka,
hat an Max er heragwunka,
hat eahm zuagredt, wia ma's macht,
daß ma in der finstern Nacht

sich a Kugl giaßt, de wo
net am Zui vorbeigeh ko:

»Wenn de Sonn im Schützn steht,
wenn der Mond im Finstern geht,
drei Nacht lang klappt de Zauberei,
heut no und morgn, dann is' vorbei.
Und in der Wolfsschlucht werd des gmacht.
– Kimmst um zwölfe in der Nacht!
Sei schneidig und hab koane Boin,
der Deife werd uns net glei hoin.
Oiso, ausgmacht is, schlag ei!«

An Max ziahgt's 's Hemad hintn nei,
so koid is eahm gleich einigfahrn.
»Hör auf, des ganze is a Schmarrn!«

schreit er – und denkt an Augnblick
an sei Agaade, an sei Glück ...
Schiaßt er beim Probeschuß danebn,
dann werds ihr Vater eahm net gebn.
Drum muaß er treffa, geht's wia's wui,
und wenn der Deife is im Spui!
Do hat's eahm aa scho 's Gstell verbogn,
der Satan hatn nüberzogn
und mit an Zitterer in der Stimm
sagt er zum Kaspar: »Guat, i kimm!«

Indem an Max der Deife packt
is jetza Schluß mitn erstn Akt.

Zweiter Akt

»Leise, leise, fromme Weise
schwing dich auf zum Sternenkreise ...«
D' Agaade dort am Fenster steht
und verricht' ihr Nachtgebet.

Am Woidrand duat der Mond aufleuchtn,
streut sein Honig über d' Feichtn.
A Nachtigall singt leis ihr Liad,
d' Agaade werd allmählich müad.

A Uhu drübn am Woidrand fliagt.
Ob woi a Wetter aufaziahgt?
Da hintn kummt's ganz schwarz daher –
auf oamoi werd ihr 's Herz so schwer.

›Wo werd der Max jetzt woi grad sei?
Wenn der danebnschiaßt morgn, o mei,
na woaß i wirkli mir koan Rat –
Du großer Gott – da kummt er grad!‹

Do steht er aa scho in der Tür.
»O Max, mei Liaber, kumm zu mir!«
Doch er bleibt steh ois wia a Baam,
de Augn verdraaht, und rührt se kaam.

»Is ebbas los – is was passiert?«
Do sagt er nur, daß' eahm pressiert.
Finster schaugt er und verschloßn.
An Sechzehnender hätt er gschoßn,
und drum müaßt er nachtlings naus,
daß er den eineihoit ins Haus;
sonst hättn schnell a Wuidrer gfundn.
In der Wofsschlucht laag er druntn.

Da schrickt d' Agaade zamm und schreit:
»In d' Wolfsschlucht gehst um so a Zeit?
Gott steh uns bei, des geht net guat!«
– Da langt er aa scho nach seim Huat ...

»A Bußl gib ma no!« schreit sie,
doch er rennt wia a Stier dahi.
A Donner kracht, a Blitz hat zuckt –
do hatn aa scho d' Nacht verschluckt.

Der Deife hat des Wetter gmacht,
des ganga is in dera Nacht.
Gschütt hat's und de Blitz san runter,
daß ma gmoent hat, d' Welt geht unter.

Der Kaspar war ois erster do,
damit er alles richtn ko,
was ma so braucht zur Zauberei:
Schwefe, Quecksuiber und Blei,
a rechtes Aug vom Wiedehopf,
des duat ma alles in an Topf.
Vom Kirchnfenster brochas Glas,
a wengerl Schwanzhaar von an Has.
Dazua a linkes Aug vom Luchs
und dann a Rücknmark vom Fuchs.
Ganz wichtig is a Schuß Benzin,
und vier, fünf Tröpferl Dachsurin,
an Löffe reines bayrisch Bier,
an griebna Eckzahn von an Stier
und von an Ratz, der Tollwuat hat,
a wengerl Bluat, zehn Tropfen grad.
A Handvoi Schrot muaß aa dazua,
a wengerl Ohrnschmoiz von der Kuah.
Na duast no Hundsfett einigebn
und möglichst oide Spinnawebn!
Und kochad hoaß muaß sei der Brei!
Dann schreit ma: »*Samiel herbei!*«

Inzwischn war der Max aa do.
Der Kaspar sagt: »Jetzt fang'ma o!
As Muaß, des zischt scho in der Pfann,
was wart'ma no! In Deifes Nam!«
Und scho schreit er ins Finstre nei:
»Los, auf geht's! *Samiel herbei!*«

Und wia der Kaspar des hat gmacht,
mei, do hat's gstunka und hat's kracht;
alles hat nach Schwefe grocha,
der Woid is auseinanderbrocha,
der Deife selbn war plötzlich do
und fangt a höllisch Glachter o.

An Max, den hat's an Bodn higschmißn,
der Kaspar hat se zammagrißn,
nimmt d' Schöpfkelln und fangt 's Giaßn o,
a Donner kracht, a Blitz fahrt ro –

»Oans!« schreit er, »zwoa!« und »Nummer drei!
Net oane geht am Zui vorbei!
Und vier und fünf und sechs und siebn!«
Koa Tröpferl is im Pfanndl bliebn.

Doch nach der siebtn Kugl war
der ganze Krach auf oamoi gar.
Im Woid war's plötzlich mäuserlstaad,
nur grad a leichter Wind hat gwaaht.

Der Max is jetzt a Freischütz gwest,
hat gmoant, des waar für eahm des best.

Doch daß man nicht sein Ziel erreicht,
wenn man vom Pfad der Tugend weicht,
und 's Glück nia übern Deife packt,
erfahrts jetzt glei im drittn Akt.

Dritten Akt

D' Agaade steht in ihrer Stubn
so in der Fruah um neune rum,
und Madln draahn an Reigntanz
und singa 's Liad vom Jungfernkranz.

»Wir winden dir den Jungfernkranz
mit veilchenblauer Seide.
Wir führen dich zu Spiel und Tanz,
zu Glück und Liebesfreude.«

's war damois noch a andre Zeit,
heut is oft nach drei Stund so weit,
wenn sich der Bua ans Madl macht,
daß fällig is die Jungfernpracht.

Ma sagt hoit, daß des heut so is,
ob's immer stimmt, woaß koa Mensch gwiß.
Doch wahr is, was vor hundert Jahr
schon ein bekanntes Sprichwort war:
›Der Märznschnee und d' Jungfernpracht,
de hoitn oft kaam über Nacht.‹
's war gestern so, is heut und morgn –
doch liabn hoeßt: füreinander sorgn!
's is net so leicht, was hoitn soi,
zur Liab ghört aa a warmer Stoi,
a Zammahoit in Lust und Leid,
solang der Herrgott 's Lebn verleiht.

Am Nachmittag war großes Fest.
Der Landesfürst is aa dogwest.
A Treibjagd war und gschoßn habns
vui Hirschn, Eber, Reh und Gams.
Geßn habns und graatscht und trunka,
a Jaagerchor hat Liadln gsunga.

Der Kaspar war im Hintergrund,
hat glurt ois wia a gschreckter Hund.
Der Max hat ausgschaugt grad wia gspiebn;
eahm is nix anders übrigbliebn,
ois daß er mitmacht bei dem Gspui,
so, wia's der Deife von eahm wui.

Und nach an Liad vom Jaagerchor
tritt ernst der Förster Kuno vor
und hat verkündet den Beschluß,
daß jetza kummt der Probeschuß.

Der Fürst, mit Namen Ottokar,
moant aa, daß' so am bestn waar,
und sagt zum Max: »Siehgst du am Baum
dort drübn de schöne weiße Taubn? –
Triff sie, dann hast du unsre Gnade
für deine Hochzeit mit Agaade!
Die Entfernung ist sehr knapp ...«

Der Max reißt 's Gwahr hoch und druckt ab –
a Krach – und 's ganze Volk schreit auf
– de siebte Kugl war im Lauf.
Sie trifft an Kaspar nei ins Herz
– de Taubn jedoch fliagt himmewärts.

Der Kaspar fluacht no auf der Stell,
dann haucht er aus sei arme Seel.
Der Deife, sagt ma, hat scho gwart',
damit ers gle. in d' Höll nofahrt.

Ob wirklich so a arme Seel
auf ewig kummt in d' finstre Höll,
des – moan i – woaß ma do net gwiß;
so, wia der Herrgott hoit moi is,

sag i, daß früher oder später
zu guater Letzt dann doch a jeder
– und war sei Lebn no so verkehrt –
von seim Erbarmen eighoit werd.

Der Fürst is glei stocknarrisch worn,
der Max schreit: »Jetzt is ois verlorn!«
Dann gibt er zua, daß er heut nacht
mitn Kaspar Freikugln hat gmacht.
Drunt in der Wolfsschlucht waar des gwen,
der hohe Herr möcht eahm vergebn.

Der Fürst jedoch is deifeswuid
und schreit, des waar a schwere Schuid.
»I bin empört im höchstn Grade
und niamois kriagst du de Agaade!«

Do kummt, wia ko des anders sei,
a Eremit vo hintn rei
und sagt, daß koa Sünd waar so schwaar,
daß gar nix mehr zum macha waar.

Da sagt der Förster Kuno schlicht:
»Herr Fürst, so schlimm is' oiso nicht.
I moanat hoit, des beste waar,
ma gebat eahm a Probejahr
auf Bewährung sozusagn,
dann kannt er wieder nachefragn.
D' Agaade werd'n, des is gwiß,
hernach scho nehma, wiara is.«

Der Fürst redt weiter nix dagegn,
denn schließlich is eahm aa dro glegn,
daß unser Gschicht am letzten End
sich schließlich no zum Guatn wendt.

De Leut warn alle ganz gerührt,
wia na der Max am Bodn kniat.
Er dankt dem Fürstn für de Gnade
und blinzit nüber zur Agaade.

Natürlich san nach einem Jahr
de zwoa dann gwen ein glücklichs Paar.
Er is no Oberförster worn;
inzwischn is er längst scho gstorbn.
Und damit bin i scho am End.
A jeder wo. d' Moral erkennt.

D' Moral aus dera Gschicht werd sei:
Leut, laßts Euch net mitn Deife ei!

(Das Publikum ansprechend:)
I moan's Euch guat, i sag's Euch grad –
denn grad um Euch waar's ehrlich schad!

Der Lohengrin von Wolfratshausen

oder
Weil d' Weiber oiwei ois wißn müaßn
Frei nach der Oper von Richard Wagner

Erster Akt

Was i verzäi, is alles wahr
und gwen is' vor zwoahundert Jahr.
In Wolfratshausen is' passiert;
do hat a oider Bauer gspürt,
daß sich der Boanlkramer naht.
»Es ist ja wurst, wer d' Wiesna maaht!«
hat er sich gsagt. »Der Sohn is da,
a brave Tochter hab i aa.
Mei Elsa, de kriagt gwiß an Mo,
der ihr fürs Lebn was biatn ko.
Wenn i jetzt geh, is nix verlorn –«
und hat se higlegt und is gstorbn.

Der Bauer kriagt a scheene Leich,
der Hof war nämle ziemlich reich:
vui Grund, a Stuckra hundert Küah,
zehn Kaiben und an Mordstrumm Stier.

Der Bauer war na in der Erd
und alle Leut habn gsagt, jetzt werd
sei Sohn, der Gottfried, alles erbn,
und d' Elsa, de muaß auszoit werdn.

Doch nach drei Tag beim Brucknwirt
is abnds was Fürchterlichs passiert.
Der Gottfried sitzt beim Schafkopf dort
und sagt, er müaßt jetzt am Abort.
Er rennt an d' Loisach in seim Drang,
denn do geht's gmüatlich, ohne Zwang,
und hat vom Felsn – is koa Kunst –
pfeigrad ins Wasser einebrunzt.

Doch woaß ma net, was dann is gwen,
im Finstern hat ma's nimmer gsehng.
Daß er an d' Loisach ganga is,

war hinterher für alle gwiß.
An Wirt sei Frau Elisabeth
hat's gsehng, wia er am Felsn steht,
doch hats'n weiter net beacht,
sie hat scho gwußt, was er da macht.

De andern sitzn in der Stubn,
fast zehn Minutn gehnga um.
Der Gottfried kummt net zruck an Tisch,
do sagt der oa: »Geh weiter, misch!
Des lange Wartn werd ma z'bläd.
Wenn der nach Tölz zum Bisln geht,
na ziahgt se des no länger naus.
Dann spui'ma hoit zu dritt oan aus!«

Scho nehmas d' Kartn in de Händ,
do kummt de Elsa einagrennt
und sagt: »Hat neamd mein Bruadern gsehng?
Es hättn jemand sprecha mögn.«

Da sagt der Wirt: »Gsehng habn'man scho,
bis daß er auße is aufs Klo.
Der is ganz sicher net im Haus,
des beste is, mir schaugn moi naus!
Des is scho komisch, muaß i sagn,
– es werdn doch neamd umbracht habn?«

Da duat de Elsa glei an Schroa:
»Wer soi an Gottfried ebbas doa?
Mein Gott, mir bleibt as Herz glei steh!
Jetzt foit's ma ei, wia i z'erst geh
aufs Haus zua von der vordern Seit,
do hör i, wia hint oaner schreit,
ganz kurz, dann hat's an Platschrer do …
Des hat se oghört grad aso,
ois foiat oans in d' Loisach nei –
leicht kannt er scho dersuffa sei!«

Da rennas aa scho alle naus.
A fuchzehn Meter hinterm Haus
is d' Loisach gfloßn, tiaf und broat.
»Wer do neifoit, der duat oan load!«
sagt oaner und schaugt nei in d' Welln,
wias Wirben drahn an manche Stelln.
Wuid hat se 's Wasser owezwengt,
koa Wunder, wenn's vier Wocha regnt.

Jetzt stehnas alle in der Reih
und schaugn recht bläd ins Wasser nei.
»He, Gottfried!« schreit ganz laut der Wirt,
– koa Antwort, gar nix hat se grührt.
Nur d' Loisach hat ma gurgln hörn
und auf der Bruck an Fuhrmo plärrn.
Dann habns no abwärts gschaugt a Stück,
habn gschrian – und san dann wieder zrück.

»I sag, des ganze is a Schmarrn!
De Elsa hoit uns grad für Narrn!«
moant do der Wirt und draht se um.
»Mir gehnga wieder nei in d' Stubn!«
Zur Elsa sagt er: »Horch moi zua:
Jetzt gehst brav hoam und gibst a Ruah!
De Gschicht mitn Gottfried geht guat naus.
Möcht wettn, daß er do vorm Haus
a Madl gsehng hat, des eahm gfoit,
mit dera is er dann in Woid.
Wenn der a Wei siecht, des er wui,
dann pfeift er doch aufs Kartnspui!
Geh hoam und mach da koane Sorgn,
es werd scho alles guat bis morgn.«

Zweiter Akt

De Nacht war hell, der Mond hat gleucht,
a warmer Wind vom Berg her streicht.
Vui Leut san aufgwacht in der Nacht
und habn se gwälzt, daß Bettstatt kracht.
Und soiche mit an dickn Bluat
war's nachtlings gar net bsonders guat.
So nah war d' Benediktnwand,
daßd moanst, du glangstas mit der Hand.
Und in der Fruah is' so weit gwen,
daß d' Leut habn gwußt: Heut hat's an Föhn.
Für d' Elsa war d' Nacht bsonders schwaar,
denn 's Bett vom Gottfried, des war laar.

Flußabwärts hinterm letztn Haus,
wo's geht auf d' Loisachauen naus,
da warn a Haufa Leut beinand,
de meistn in ihrn Arwadsgwand:
Der Burgermoaster Kraglried,
der Rankl Schorsch, was is der Schmied,
der Brucknwirt und aa sei Wei,
der Pfarrer Strix war aa dabei.
Der Postwirt und der Schreiner Zackl,
der Apotheker mit seim Dackl ...
und Schuibuam so a sechs a siebn
hat einfach d' Neugier heratriebn.
Und no a fuchzehn Weiberleut
habn gredt und fuchtlt wia net gscheit.
Der Oberlehrer Mittlstraß
is einfach weg von seiner Klaß.
A Bauer, der am Pflug is gwen,
hat gsagt: »Des muaß i doch scho sehng!«
Der Mesner – mit seim weha Fuaß! –
hat gmoant, daß er dabei sei muaß.
Der Metzger – Bluat no an de Händ –
der is ois erster zuawegrennt.

Der Oberförster mit seim Hund,
a Bauer namens Telramund,
de Ortrud neben eahm, sei Frau,
is aufgfoin durch ihr giftigs Gschau.
Und no a sechs, siebn Männer, de
was z'doan ghabt habn grad in der Näh.
Und so warn's an de dreißg, vierzg Leut,
de gschaugt habn nach der Neuigkeit.

Und in der Mittn, ganz weit vorn,
warn drei Schandarm in Uniform.
Danebn und ganz kaasweiß im Gsicht,
daßd gmoant hast, jetzt derpackt se's nicht,
is d' Elsa gstandn, traurig, stumm,
und schaugt zum Burgermoaster num.
Der hat an Huat in seine Händ,
den wo sie ganz genau hat kennt
am Bandl und am greana Fuatter:
Es war der Huat von ihram Bruader.
Den hat a Fischer in der Fruah,
wia er so geht auf d' Bruckn zua,
patschnaß, voi Dreck und arg verbogn,
am Ufer ausm Wasser zogn.

Der öberst von de drei Schandarm,
der nimmt de Elsa sanft beim Arm
und sagt: »Jetzt gibt's koan Zweife mehr,
wia kaam der Huat akkrat do her,
dei Bruader, des is jetza gwiß –
daß der elend dersuffa is.
Oans müaßat ma no wißn grad,
wer eahm ins Wasser gschmißn hat
von hinterrücks auf gscherte Weis;
den bring'ma raus um jedn Preis!
Wer hat mit eahm a Feinschaft ghabt?
Damit ma net im Dunkln tappt,

waar des für uns ganz intressant.
Is neamd vo euch so ebbs bekannt?«

»Naa«, sagn de Leut, »auf gar koan Foi!
Der Gottfried, der war überoi
gern gsehg und jeder hatn mögn!
So kemmts net weiter, werdses sehng!«

Do schiabt sich in den Vordergrund
mit Ellabogn der Telramund
und sagt: ›Mei liaber Herr Schandarm,
jetzt sag i's eahna ganz brüahwarm:
Wer kannt a Interesse habn
am Tod vom Gottfried? – I muaß sagn
– do gibt's koan Zweife –, des is gwiß,
daß des sei Schwester Elsa is.
Nur sie war auf sein Tod verseßn,
drum hats'r aa ins Wasser gsteßn,
weil ihr jetzt ghört der Hof alloa!
Des is der Grund! Drum hatses doa!
Sie is am Abnd in d' Wirtschaft nei
und sagt: ›Wo werd mei Bruader sei?‹
Derwei war's sie, die eahm von hint
– damit er niamois wiederkimmt –
in d' Loisach einegsteßn hat!
Beweis gibt's koan – i sags nur grad.«

Beim Telramund, des muaß ma wißn,
hat d' Elsa ja scho lang verschißn.
Er hat ihr moi an Antrag gmacht
und sie hat »naa« gsagt und hat glacht.
Sie hatn erstns net gern mögn
und zwoatns war aa sehr dagegn
der Gottfried, der hat gsagt zu ihr:
»Wennst den nimmst, prophezei i dir,
daßd niamois glücklich werst im Lebn,
der ko bloß nehma und net gebn.«

Der Telramund, der hat se bsonna
und boid drauf dann de Ortrud gnomma.
Mit dera war er dann bedient.
Er hat net gwußt, daß de so spinnt.

Doch woi'ma jetza weiter sehng,
was is am Loisachufer gschehng.

Zuerst hat neamd a Wörtl gredt.
Dann habn oa gmoant, des gaab's doch net,
daß d' Elsa waar a soichas Luader
und umbringt ihran eignan Bruader.

Der Rankl Schorsch, a gstandner Mo,
der hat ois erster 's Maul aufdo
und sagt: »I steh für d' Elsa ei
und wers verleumdt, den schlag i nei!«
Des gleiche moant der Pfarrer Strix,
nur grad vom Zuahaun hoit er nix.

»No ja«, sagt do der Metzger Schlecht,
»der Telramund, der hat scho recht!
I wui des Streitn net verschärfa,
aber redn werd ma do no derfa!
Und a Verdacht – des sag euch i –
is a Verdacht! Kreuzsakradi!«

»Do hat er recht!« habn vui Leut gschrian;
»der Sach, der muaß ma nachespürn!«
Ganz aufgregt sans und zornig gwen,
wia's hoit so is bei starkm Föhn.

Und d' Ortrud sagt: »Der Telramund,
der woaß: nur d' Elsa hat an Grund,
daß sie an Gottfried gestern abnd
auf soiche Weis auf d' Seitn raamt!

Warum is' denn so blaß und staad?
Warum? – Weils a schlechts Gwißn hat!«

»Mei Gwißn, des is rein und klar!
I schwör's euch Leut, daß i's net war!
A andrer war's, der des hat gmacht«,
sagt d' Else drauf. »I hab heut nacht
an Traam ghabt, daß i kimm in Not
und dann erscheint a Himmesbot,
der mi aus aller Not befreit.
O Herrgott huif – jetzt waar's so weit!«

Doch d' Leut, de könnas net begreifa.
»Der Herrgott«, sagns, »werd dir was pfeifa;
moanst, daß a Engl owakimmt,
und di dann unter d' Flügl nimmt?«

In dem Moment schreit oaner laut,
und alles hat auf d' Loisach gschaut.
»Do kimmt er scho, der Himmesbot,
bloß daß er koane Flügln hat!«

»Was is'n des? Was möcht'n der?
Verreck, wia kummt'n der daher!«
schreit alles aufgregt durcheinand,
do hebt der Pfarrer Strix sei Hand:
»I bitt euch Leut, seids net so bläd,
hat der jetzt Flügln oder net,
i hab auf jedn Foi das Gfui,
daß der a Botschaft bringa wui!«

Dritter Akt

Bei Wagner kimmt der Rittersmann
dahergefahrn auf einem Schwan.
Sonst siehgt ma Ritter hoch zu Roß,
doch der is kemma auf an Floß.
Doch hat eahm des koan Abbruch do
es war a wunderscheener Mo!

Ma ko des net so recht verzäin,
weil oan dazua de Worte fäin.
Alloa scho, wiara mit der Hand
sei Floß hat hibugsiert ans Land
und wiara dann mit einem Sprung,
der ausglöst hat Bewunderung,
hat rübergsetzt auf d' Loisachau
– des war ganz einfach eine Schau!

Sei Gwand, des war a Jaagerstracht,
mit Schnürl und Bortn eine Pracht,
mit goldne Knöpf bis ganz obn nauf,
an Steyrerhuat mit Federn drauf.

Er selber – strahlend wia a Held –
a Mensch aus einer andern Welt!
So schee, wia König Ludwig war,
Zumindestens in junge Jahr.

Er stellt se grad vor d' Elsa hi
und sagt zu ihr: »I steh auf di!
Du gfoist ma, Madl! Schau mi o!
Sag mir, wer hat dir ebbas do?
I gib an jedn, wiara kimmt,
mit meiner Faust oans aufn Grind.«

De Leut ringsum warn voller Angst.
»Der raucht koan guatn, Mensch, mir gaangst!«

habns gschrian und san auf d' Seitn tretn,
und koana hat was gsagt dagegn.
Nur grad der Bauer Telramund,
für den war des a guater Grund,
daß er sei Föhnhitz außelaßt,
eahm hat de Streiterei grad paßt.
De Ortrud hinter eahm, sei Wei,
de hatn boxt in Buckl nei:
»Du werst den Deppn doch net fürchtn!
Gib eahm an Schlag auf d' Oberliachtn!«

Der Telramund, der gehtn o,
der Föhn, der hat sei Wirkung do;
er stellt si vor den Fremdn hi
und schreit: »An so an Kerl wia di,
den schmeiß i mit der linkn Hand!
Geh her, na raff'ma mitanand!
Wennst moanst, du kannst di aufspuirn do!
Was geht'n di des Madl o?
I sag, was jeder von uns denkt,
daß sie ihm Bruadern hat dertränkt.
Was du denkst, is uns ziemlich gleich
und jetza gehst, sonst bist a Leich!«

Des letzte Wort war no net gsagt,
da hatn der ander aa scho packt
und hatn hochghobn wia an Sack
asowas siehgst net alle Tag –
und hatn darn im hoha Bogn
a drei, vier Meter is er gflogn –
in Sauerampfer einegschmißn,
wo kurz vorher a Kuah higschißn.

Dann draht der fremde Jaager si,
ois waar nix gwen, zur Elsa hi
und sagt mit weicher Stimm zu ihr:
»Wennst magst, na geh i jetzt mit dir.«

Er schaugts liab o und nimmts am Arm,
neamd hat was gsagt, aa net d' Schandarm,
und geht mit ihr – oisam habns gsehng –
zum Hof, wo sie dahoam is gwen.
Kurz vor der Haustür hat er bremst
und sagt: »I woaß, daßd mi net kennst.
Doch wennst Vertrauen hast zu mir,
dann bleib i alleweil bei dir.
Bloß oans, des muaßt ma jetza schwörn:
Solang mir zwoa mitnand verkehrn,
derfst niamois nach mein Nama fragn!
Moanst, daßd des hoitn kost so lang?
Soboidst mi fragst, woher i bi
und wia i hoaß, is alles hi.
Dann muaß i furt, kost nix gegn doa
und du bleibst muatterseelnalloa.«

Sie hat des weiter net bedacht
und hat eahm einfach Tür aufgmacht.
»Jetzt geh moi nei, geh weiter, kumm,
was red'ma vor der Haustür rum!
I schwör dir's, daß i di net frag!
I bin ja froh, daß i di hab.«

Tür auf, Tür zua, de Liab, de brennt,
des is der Anfang scho vom End.

Vierter Akt

Am erstn Tag war's wunderschee,
de Elsa kannt vor Glück vergeh.
Fast ständig sans beinandergwen
und sie hat gar net wißn mögn,
woher er kimmt, wia er sich schreibt
und was er sonst für Gschäfte treibt.

Denn wer verbrennt in Liebesdurst,
dem is doch alles ander wurst.

Am zwoatn Tag waar's grad so gwen,
wenn sie net dauernd hättn gsehng,
daß d' Leut mit seltn bläde Augn
zum Kuchlfenster eineschaugn.
Und wias dann san in d' Wohnstubn nei,
schaugn wieder oa zum Fenster rei!

Am drittn Tag war's wieder so.
An Jaager hat des nixn do,
doch sie is glei ganz wuatig worn
und is vors Haus in ihram Zorn
und sagt am Fenster zu an Kerl:
»Schaug, daßd di druckst mitn ganzn Gschwerl!
Wer ebbas wißn wui von mir,
soi einekemma zu der Tür!«

Da lachts der ander spöttisch o:
»Sag moi, was is n des für a Mo?
D' Leut sagn, daß des do koa Verkehr is,
koa Mensch woaß, wo der Kerl bloß her is!
Sags uns, wer's is, dann gehng'ma furt
und nix mehr werd am Fenster glurt.«

Da werd's der Elsa siadad hoaß.
»Wia soi i sagn, was i net woaß!

Er duat sein Nama net verratn.
Geh nei, na kannstn selber fragn!«

Do lachas aa scho oisam aus
und d' Elsa rennt schnell nei ins Haus.
An dem Tag sans ganz fruah ins Bett,
habn kaam a Wort mitnander gredt.

Am viertn Tag beim Mittageßn,
da hätt sie fast ihrn Schwur vergeßn
und hat eahm 's Teller mitn Bratn
grad wia an Eisstock nübergschobn
und sagt, sie waar no nia im Lebn
mit oan am Tisch beinandergwen,
von dem s' net gwußt hat, wiara hoaßt.
»Des is fei hart, mei Liaber, woaßt!«

Am fünftn Tag is was passiert,
des na zum bittern End hat gführt.
Am Abnd, so uma siebne rum,
sagt er zu ihr: »Geh weiter, kumm,
oiwei dahoam, des is net schee,
aa dir daat's guat: a wengerl Geh!
Spaziern'ma no auf d' Felder naus,
um achte san'ma wieder z' Haus.«

Doch sie sagt: »Naa, i mag net fort,
i hab dahoam genügend Sport.
I wui net habn, daß d' Leut uns sehng,
du woaßt ja net, wia bläd daß' redn.«

Drauf is er dann alloanig weg.
Sie hat eahm nachgschaugt bis zum Eck.
Und nach a knappn Viertlstund –
wer kummt daher? – der Telramund!
Am Gangwerk, schiaf und oamoi grad,
hats gsehng, daß er oan sitzn hat.

»Mei, Elsa«, sagt er, »schau mi o,
dei Kavalier is grad net do,
drum muaß i dir schnell ebbas sagn,
i kos net länger mit mir tragn.
I woaß, i bin a schlechter Mo,
i hab dir bitter unrecht do.
De Ortrud war's, muaßt wißn grad,
de so lang in mi neibenzt hat,
bis i behaupt, du waarst es gwen,
de 'n Gottfried hat den Stesser gebn.
In Wirklichkeit war's nämlich sie
und neamand sonst, des sag da i!
Sie woit, daß du kaamst in Verdacht.
Auf de Weis hätts di fertig gmacht.
Der tiafre Grund war ohne Frag,
daß' gmerkt hat, daß i di no mag
und daß i nach wia vor vergeh
in Liab zu dir – kost des versteh?
I hab an Rausch, des gib i zua;
i laß di trotzdem net in Ruah!«

Und scho gibt ihr der Telramund
mit Gwoit a Bußl aufn Mund
und schreit no: »Madl, jetzt ghörst mir!«
– da kummt der Jaager rei zur Tür.

Was weiter war, des is schnell gsagt.
Der Fremde hat den andern packt
und schmeißtn ni auf d' Ofabank;
er hat nix gspürt mehr, Gott sei Dank!

Waar da a Sauerampfer gwen,
dann hätt er's könna überlebn.
Doch so bricht hoit am oachan Hoiz
sei Gnack, sei Lebn und aa sei Stoiz.

De Elsa is ganz ausanand.
»Du bringst mi noch um mein Verstand!«
schreit sie an Jaager aufgregt o.
»Schaug hi, was hast'n jetza do!

Jetzt hast an Totschlag aufm Gwißn!
I hoits net aus, i muaß jetzt wißn,
woher du bist und wia du hoaßt –
am End bist gar a bäser Goast!«

Da schaugt der Jaager traurig drei.
»Jetzt bist net länger mehr de mei.
Jetzt is' passiert, jetzt hast mi gfragt,
i hab's scho gwußt, de Stund, de schlagt.«

Er draht se um und geht vors Haus
und sie eahm nach, und wias na drauß
am Brunna stehna mitanand,
da duat de Benediktnwand,
de grad no in der Finstern war,
auf oamoi leuchtn wunderbar.
Der Zwiesl hat desselbe doa,
aa d' Zugspitz und de Waxnstoa.
Der Herzogstand, hast gmoant, der brennt
und aa der Wendlstoa weit ent,
und zwischendurch de Brecherspitz,
bei Ettal drin der Ochsnsitz,
des ganz Karwendl, des hat glüaht,
im Allgäu hat se aa was grührt.
Und ganz weit drin, de Dolomitn,
de habn se aa net laßn bittn.
Der Himme, der war feuerrot
und hoch drobn überm Zugspitzgrat,
do brecha d' Woikn ausanand,

zehn Engl ziahng im weißn Gwand
a goidans Floß vom Himme raus
und kemma pfeigrad zua aufs Haus.
Der Jaager schwebt von selbn in d' Höh
und steigt aufs Floß und bleibt dort steh
und sagt zur Elsa unt vorm Haus:
»'s war schee bei dir - doch jetzt is aus.
Wennst mir vertraut hättst, waar i bliebn.
Mei Nama, der is *Lohengrin*.
Und wo i her bin, des siehgst eh . . .«

Wiara des sagt, steigt 's Floß in d' Höh
durch 's Woiknloch beim Zugspitzgrat,
des dann a Engl zuagmacht hat.

Von Feuersgluat hast nix mehr gsehng,
ois war aso, ois waar nix gschehng.
De Elsa steht vorm Haus – alloa –
und duat no grad an schwachn Schroa,
dann gehts ganz langsam in de Knia,
sagt: »Lohengrin« mit letzter Müah,
»i bitt di, dua ma hoit vergebn!«,
und dann lischt aus ihr junges Lebn.

A Schäfer, der sein Pferch hat gricht,
hat's grad no gsehng, wias zammabricht.
Er kummt grad eina von der Woad
und sagt: »Des Madl duat ma load.
Grad hat's no glebt – und jetzt is hi.
Es war hoit oafach zvui für sie.«

Rigoletto
oder
Der Graf von Dachau
Frei nach der Oper von Giuseppe Verdi

Erster Akt

Es war a Schloß im Bayernland.
Sei Nama is kaam oan bekannt.
Es is glei hinter Dachau glegn,
im Woid vasteckt, ma hats kaam gsehng.
Vor langer Zeit is scho verfoin.
Koa Mensch hats wieder aufbaun woin,
weil gschriem steht in an oidn Buach,
auf der Ruine laag a Fluach,
der grauslig sich bemerkbar macht,
geht oana in der finstern Nacht
– so zwischn zwölfe und hoibdrei –
am borstna Mauerwerk vorbei
– vorausgesetzt er is alloa –
dann hört er ab und zua an Schroa
und zwischnnei an langer Ton,
wia wenn oans woant und net recht konn.

Und wenn er von der Sach bericht,
na hoaßts, des waar a oide Gschicht.
Vom Graf von Dachau is de Red,
der nachtlings über d'Stoana geht
und nach sei'm Seelenfriedn schreit.
A Gschicht aus längst versunkner Zeit
von Liab und Mord und schwerer Sünd.
– »Der bucklad Narr woant nach sei'm Kind!« –

Jetzt draahn ma zruck vierhundert Jahr:
Da steht er scho, der bucklad Narr
im großn Soi von Schloß Graseck.
Was hat a Narr scho für an Zweck? –
Der Graf von Dachau hat scho gsagt:
»Du, Rigoletto, bist nur gfragt
ois Narr, der krumm und bucklad is,
sonst waarst net da, des säi is gwiß,
denn zwischen dir und meine Gäst,

der Standesunterschied, vastehst,
der muaß für di a Richtschnur sei,
drum buid dir ja net zu vui ei!
Schaug, daß de Leut zum Lacha bringst,
dafür werst zoiht ois Narr vom Dienst.«

Wer kloa gmacht werd auf soiche Weis,
wirfts leicht moralisch aus'm Gleis.
Der bucklad Narr is zammazuckt,
dann hodas wortlos nuntergschluckt.

A rauschads Fest geht seinen Gang.
D'Leut drucka am Büfett entlang.
Vom Tanzen kriagt ma Appetit.
A jeder nimmt se mehra mit,
ois wiara grad vadrucka ko,
aus Angst, hernach waar nix mehr da.
Es war scho domois so wia heut:
des Schlimmste is der Fuaderneid!
Was ma net selber ißt beherzt,
des frißt a andrer, und des schmerzt.

Der Graf von Dachau ißt des meist.
A Wunder, daß den Mo net zreißt!
Er is, des wer'n ma ja no sehng,
in jeder Hinsicht maßlos gwen.
A was de Frauen anbelangt,
hat er gar nia mit oana glangt.
Sei Liab is immer schnell verraucht,
drum hoda laufend Nachschub braucht.
Und siecht er oane, de 'n juckt,
dann macht ers auf der Stell varuckt.
Nia hat oane widerstandn ...

»Spuits oan auf, ihr Musikantn!«
Sagt der Graf und nimmt a Dame.
Jetza tanzn s' a Pavane.

Damois warn no andre Sitten,
gravitätisch sans geschrittn.
So wia bei a Polonäse.
Nix werd gwacklt mi'n Gesäße.
Heut, da hupfas wia de Goaßn,
Rockn roll und wia ses hoaßn.
Hätt' oana des scho damois woin,
na waar des unter Ringkampf gfoin.

Der Graf platzt schier vor Fleischeslust
und wölbt sei adelige Brust.
»Leut«, so ruaft er, »ihr müaßts wissn:
i bin völlig hingerissn
von an wunderbaren Wesn!
Z'Ostern in der Kirch is gwesn.
Wia i füreschaug zum Pfarrer
– d'Andacht is bei mir des rarer –
siech i da a Madl betn.
Seitdem bin i net zum rettn
vor Verliabtheit in de Schöne.
Wenn ma oane gfoit, des kenn i,
aber sowas, net zum glaam is.
Bin ma gwiß, daß de zum ham is.
Möchts auf gar koan Foi vermissn.
Muaß no grad ihrn Nama wissn.«

»So ein Depp!« sagt da der Wimmer,
der Bankier von Erding drimma.
»Weil er Graf is, moant der Bläde,
konn er nehma sich a jede!«

»Woaßt, wer ko, der ko«, moant oana.
»So vui Weiber hat sonst koana.
Des verstehst net, liaber Wimmer,
du bist oid, du konnst hoit nimmer.
Doch sogar der Rigoletto
hat was Zärtliches in petto.

Jede Nacht hat er sei Bleibads
z'Dachau drinna bei an Weibads.
Reglmäßig rennt er eine.
Is vielleicht net grad a Feine,
siecht ma doch: sogar a Schiacha
findt a Nest zum einekriacha.«

Plötzlich, wia de Leut so ratschn,
kriagt a Wachsoidat a Watschn,
und a andrer – no vui schlimmer –
fliagt ins Eck und rührt se nimmer,
weil s' zu zweat an Mo ham ghoitn,
den s' net einalassn soitn.
Aus Feldmoching wars a Bauer,
a Trumm Mannsbuid und stocksauer.

Alle sans auf d'Seitn ganga,
koana woit an Streit ofanga,
wiara rennt, daß ois in d'Höh treibt
und vorm Graf von Dachau stehbleibt.
Sei Anblick is so furchtbar gwen,
daß d' moanst, er möcht an Graf ans Lem.
Doch zunächst wars no net so weit.
Er schiabt sei Stiergnack vor und schreit:

»Was hast du in Feldmoching gmacht
um hoibe drei vergangne Nacht?
Bei meiner Annelies bist gwen,
und sie hat dir ihr Unschuid gem!
Du hättst ihr Lieb geschworn, hats erzählt.
Mir is des recht, kimmt's Geld zum Geld.
Hast's Madl aber nur verführt,
dann werst glei sehng, was na passiert!«

Beim letzten Wort, da ziahgt – o Graus –
da Mo a stehads Messer raus.
Da sagt der Graf höchst ungerührt:

»I gibs gern zua, es is passiert
um hoibe drei vergangne Nacht
und 's Madl war a soiche Pracht!
Ma konn dir ehrlich gratuliern
zu so an Kind, doch duast de irrn,
wennst moanst, i wuis ois Eheweib!

Sie war mir nur a Zeitvertreib.«
Für'n Bauern hat's koan Hoit mehr gem.
»Du Lump! Des büaßt ma mit'n Lem.«
Scho dringt er aufn Grafn ei,
glei rennt er eahm 'as Messer nei ...

Da springt der Rigoletto hi
und schreit: »Mit so an Kerl wia di,
da macha mir a schnelles G'richt!«
Und haut eahm Brätschn nei ins Gsicht.
Der Bauer zögert oan Moment,
da kemma scho de Wachleut grennt
und ham den Mo von hintn packt,
und wiara wehrlos zammasackt
und röchlt und nach Wortn suacht,
da schreit er laut: »Ihr seids verfluacht!
Verfluacht soi sei der bucklad Narr,
verfluacht für jetzt und immerdar!
Verfluacht der Graf, der an mein Kind
verbrocha hat a schware Sünd!«

So ruaft er no mit letzter Müah,
dann hamsn außegschleift zur Tür.
De Wachleut haman hoib daschlagn
und dann in Keller awetragn.
Dort schreit er no: »Verfluachtes Haus!
Leb wohl, Feldmoching!« Dann wars aus.

Der Fluach hat gspuit a große Roin.
Der Graf jedoch hat koane Boin.
Und aa der Rigoletto lacht.
Er hat net denkt, daß über Nacht
a schrecklichs Unglück kannt passiern.
Doch woin mas jetzt net weiterführn.
Der Fluach hat gwirkt, so vui is gsagt,
doch mehr davo im zwoatn Akt.

Zweiter Akt

Der Rigoletto, wia ma woaß,
macht se um d'Mitternacht auf d'Roas
nach Dachau eine zu an Weib,
ma sagt, des waar sei Zeitvertreib.

Der Graf von Dachau hätt' gern gwußt,
auf was der bucklad Narr hat Lust.
Reit hinter eahm nach Dachau nei.
›Werd scho a schiache Ziefern sei!
Wer soi den bucklad Narr sonst mögn!‹
Da hodan in a Haus geh sehng.
A Madl steht unt an der Tür.
»O Vadda«, ruafts, »kimm rei zu mir!«

Der Graf hat seine Ohrn net traut
und saudumm aus'm Hemad gschaut.
›Der bucklad Narr hat z'Dachau drin
a hoamlichs Kind, i glaab, i spinn!‹
Dann war er außer Rand und Band,
denn glei drauf hat er nämlich gspannt:
des is des gleiche Madl gwen,
des er hat in der Kircha gsehng!
De eahm verliabte Augn hat gmacht,
an de er denkt bei Tag und Nacht
und de er ham muaß, gehts wias mag.
Stocknarrisch is er, ohne Frag!

Der bucklad Narr geht mit sei'm Kind
zur oachan Bank am Gartn hint.
Dort sitzn s' jetza alle zwoa,
der Graf steht do und konn nix doa.
Doch wia a Stund verganga war,
da steht er auf, der bucklad Narr,
und sagt: »Liabs Lieserl, werst versteh,
hoib zwoa is scho, i muaß jetzt geh.

Vergiß mir net, bevor du ruahst,
daß d' Türn und Fenster zuasperrn duast!
Scho der Gedanke macht mi krank
– wenn aa nix vorliegt, Gott sei Dank! –
daß oana zu dir fensterln kaam.
Den braacht i um, des derfst ma glaarn.
I hab sonst neamand ois wia di,
verlier i di, is ois dahi.
Du bist mei Ois, mei oanz'ge Freud!
Mach niamois auf, wenn oana läut.
Ghörst du an andern, siech i rot,
des merk dir, Lieserl, Pfüa di God!«

Der Narr geht naus zur Gartntür,
da is der Graf scho drin bei ihr.
De Freinacht wars zum erstn Mai,
da is a jede Liabschaft frei.
Und was de zwoa mitnander treim,
des konnst mit Wortn net beschreim.
Es war de höchste Liebeskunst,
die ausbricht wia a Feuersbrunst.
»O Madl«, sagt er, »kennst mi no
vom Ostersonntag? Schau mi o!
Du hast mi og'acht, so verliabt!
Wenn se net da was zammaschiabt,
hab i mir denk-«, da stockt eahm d'Red,
denn 's Madl fliagt, so schnell ois geht,
hi an sei adelige Brust.
Daß er a Graf is, hat s' net gwußt,
erfuit von hoaßm Liebesdurscht
war ihr sei Herkunft völlig wurscht.
Für d' wahre Liab, i sags euch, Leut,
der höchste Titl nix bedeut.
Koa Macht, koa Geld sei Wirkung duat,
an Lieserl brennt nur d'Liab im Bluat.
›Der oder koana, des is gwiß,
und wenns a Roßboinsammler is!‹

No mehr erzäihn hat gar koan Sinn.
In dera Stund war alles drin.
Zwoa Herzn san im Sturm verbrennt
und wer an soichn Zuastand kennt,
der woaß, daß jede Poesie
von Fliederduft, Melancholie,
von zarter Lippen Treueschwur,
vom Blütenzauber der Natur,
von Honigmond und Sternenpracht,
vom Wunder einer Liebesnacht,
de glühend Herz zu Herzen treibt,
was wirklich is, nur schwach umschreibt.
Des is hoit hochdeutsch, duat ma leid.
auf bayrisch woaß ma glei Bescheid.
In unsrer Sprach da sagt ma grad:
daß ses vor Liab schier zrissn hat.

So uma drei war ois vorbei.
Er sagt no: »Lieserl, jetzt ghörst mei!
I konn net lem mehr ohne di!«
Mit einem letztn Blick auf sie
bind't er sein Gaul vom Oachbaam los,
reit über d'Wiesn hoam zum Schloß.

Zur gleichen Zeit is was passiert.
Zwanzg junge Burschn san maskiert
durch d'Amperaun nach Dachau gfahrn
und ham se aufgführt wia de Narrn.
Es san Bedienstete vom Schloß,
ihr Tatendrang is riesngroß.
A Faßl Bier am Loaterwagn.
An Rausch hams ghabt, i muaß scho sagn,
daß koana mehr den andern kennt.
Wenn junge Leut de Gurgl brennt
und Freinacht is, is alles wurscht,
da laßt mas rinna übern Durscht.
Sie ham scho gwußt, was macha woin,
wer bsuffa is, hat koane Boin.
Der Rigoletto kimmt daher.
»Geh mit, dann san ma oana mehr!«
hams gschriar. »Mir woin was ausprobiern,
in Dachau drin a Weib entführn!
Weil Freinacht is, muaß sowas gschehng,
du werst dei Freud ham, werst as sehng!«

Der Rigoletto druckt no rum,
da bindn s' eahm scho d' Maskn um
und ziahngan mit nach Dachau nei
am neua Spritznhaus vorbei,
glei nach der Kirch des dritte Haus,
mit Gmüas- und Blumabeet vorn naus,
da hoitn s' und ham leise gredt.
Der Rigoletto siecht des net,
wo s' san, er bhoit sei Maskn auf.
Drei Leut steign zur Veranda nauf
und brecha durch a Fenster ei.
In zwoa Minutn wars vorbei.

Sie tragn a junges Madl raus,
durchs Gartntürl auf d'Straßn naus.
Sie is vor Schreck in Ohnmacht gwen
und hat koan Muckser von sich gem.
Schnell legn ses aufn Loaterwagn
und mit an Tempo, net zum sagn,
sans einegrennt in d'finstre Nacht
und ham recht hinterfotzig glacht.

Der Narr reißt d'Maskn ro vom Gsicht
und wiara Haus und Gartn siecht,
da schreit er auf in Wuat und Schmerz
und nix wia Angst zerreißt sei Herz.
Er steht vor seinem eigna Haus!
Sei Lieserl! – Jetzt is alles aus.
Sei Lieserl wars, sei oanzigs Kind,
des eahm entführt ham, wia er blind
vertraut hat auf de junga Kerl.
Der Deife hoi des ganze Gschwerl!
Jetzt bringa ses zum Grafn hi,
und er konn nix mehr doa für sie.

Auf oamoi war eahm alles klar:
vom Bauer aus Feldmoching war
der Fluach, der diaf im Gnack eahm sitzt
und gega den koa Mittl nützt.

Verzweifed schreit er nach seim Kind.
A höhnisch Glachter tragt der Wind
vom Woidrand rüber bis zu eahm.
Der Graf werd 's Lieserl schnell verderrn.
»Der oanzge Mensch, den i no hab!
Der Fluach verfolgt me bis ins Grab.«
Der bucklad Narr is zammagsackt.

Damit is aus der zwoate Akt.

Dritter Akt

Der dritte Akt geht unguat naus.
Am Amperufer steht a Haus,
weit drauß wo's staad und einsam is.
Wer dort vorbeigeht, der hat Schiß,
weil drin a finsters Mannsbuid haust,
dem, wia ma woaß, vor gar nix graust.
Er ist gebürtig aus Lenggrias
und schreibt se Sparifunkl Hias.

Der Hias macht alles gega Geld,
ganz wurscht, was d' Kundschaft bei eahm bstellt.
An Einbruch oder aa an Mord,
a Feuersbrunst konnst ham sofort
und Bauern, de net übergem,
de bringt der Hias diskret ums Lem,
wenn er an Auftrag hat dafür.
Natürlich kost' a soiche Müah
a Stanga Geld, des is ganz klar,
weils doch sehr ungesetzlich war.
»Des druckt mei G'wissn bsonders schwer«,
so hoda gsagt, »drum kost des mehr!«

Sei Schwester Kathi wohnt bei eahm,
a saubers Madl, rund und zeahm,
de schwach werd, wenns a Mannbuid siecht.
Heut hat se se ganz bsonders gricht.
Der Graf von Dachau is bei ihr.
Er sitzt am Disch, is voller Gier.
»Liabs Katherl«, sagt er, »is dir recht,
wenn i di boid scho heira'n möcht.
I bin verliabt, des derfst ma glaam,
i hoits net aus, i muaß di ham!«
Scho springt er auf, reißts an sei Brust,
der foische Bruader hat net gwußt,
daß drauß vorm Haus am Gartnzaun

zwoa Leut durchs Fenster einaschaugn:
der Rigoletto und sei Kind.

»O Lieserl«, sagt der, »d' Liab macht blind!
Hast gmoant, der Graf, er hätt di gern –
Schlawiner sans de feina Herrn!
Schaug nur grad hi, na woaßt Bescheid!
I hab di extra hergführt heut,
daß d' siehgst, was des für Baaze is.
Mei liabes Lieserl, oans is gwiß:
er daat di schnell no ganz verderm!
Das Maß is voi, der Kerl muaß sterm.
Und zwar muaß des heut nacht passiern,
drum derf ma ja koa Zeit verliern.«

Das Lieserl bricht schier zamm vor Leid.
»O Vadda, üb' Barmherzigkeit!
Denn wenn er stirbt, was hast davo? –
I weran immer liam, den Mo!«

Der bucklad Narr geht net drauf ei.
»Sei staad, was sei muaß, des muaß sei.
Jetzt laafst schnell hoam, i kimm na scho,
und ziahgst a Mannergwandl o.
Na schlagn ma uns nach Münga nei.
Morgn fruah, werst sehng, is ois vorbei.«

Das Lieserl is in d'Nacht neigrennt.
Ihr Herz, des hat für'n Grafn brennt.
Und werads wirklich nix mit eahm,
dann mechads glei am liabstn sterm.
Der Narr bleibt steh und reißt se zamm.
Jetzt hängt de Sach am drittn Mann,
am Mörder, der den Graf dasticht.
Wenn der net spurt, na platzt de Gschicht! –
Und wiara no a Zeitlang wart,
da hat auf oamoi d'Haustür knarrt,

der Sparifunkl Hias kimmt raus.
»Oisdann, was is, jetzt mach mas aus!«
hat er zum Rigoletto gsagt.
»De Gschicht koan Aufschub mehr vertragt.
Der Graf is drinna in der Stum
und wennst guat zoihst, na bring ihn um.
A günstige Gelegenheit.
Mei Schwester woaß davo Bescheid.
Sie hoitn no a wengerl hi,
und is er richtig hoaß auf sie,
na kriagt er 's Messer nei von hint
– vorausgesetzt de Kasse stimmt!
Druck net lang rum und mach koan Dreh.
A Graf kost mehr, des werst vasteh.
Bei so oan hat ma leicht weng Boin,
zwoahundert Taler muaßt scho zoihn.«

Der bucklad Narr ziahgt d'Geldkatz raus
und zoiht an Sparifunkl aus.
Nur oa Verlanga is in eahm:
der Graf von Dachau, der muaß sterm.
»Und so is gschlossn der Vertrag.
De Leich, de duast ma in an Sack«,
so sagt er no mit dumpfer Stimm,
»bis zwölfe, wenn i wieder kimm,
muaß alles pünktlich fertig sei.
An Sack schmeiß i in d'Amper nei.
Des mach i selber, hast kapiert? –
Na woaß i gewiß, daß nix passiert.
Mei armes Lieserl hat ihr Ruah,
des Deandl konn ja nix dazua.
Der Graf hat ihr an Kopf verdraaht
und doa, ois ob ers heira'n daat.
Jetzt büaßt er mir de arge Schmach.
Geh nei zu eahm und mach dei Sach.
Laß di net schrecka und bleib koit,
zwoahundert Taler san guat zoiht.«

Wia na der Hias in d'Stum neigeht,
nur grad no 's Katherl drinnasteht.
»Der Graf«, sagts, »der is grad am Klo.
O liaber Hiasl, hör mi o:
i hätt a große Bitt, wenns geht,
dastich an Graf'n liaber net.
Mei Herz grad wia a Hammer schlagt.
Er wui mi heira'n, hoda gsagt.
Er! Mi! I trau schier net mein Ohr.
I werd Frau Gräfin, stell dir vor!
I waar sei Traumbuid, hoda gschwärmt
und nix so sehr sei Herz erwärmt,
ois wia mei Anblick, hoda gmoant.
Drauf hab i schier vor Rührung gwoant.«
»Dei Anblick? Bittschön, sei net bös!
Nix hört se blöder o, wia des!
Der möcht di doch bloß nachtlings ham,
sonst wui er nix, des derfst ma glaam.
Drum wenn er einakimmt in d'Stum,
is höchste Zeit, dann bring ihn um.«

Sie wirft se woanad an sei Brust.
»Dann hab i aa zum Lem koa Lust!
Der Graf moants ernst, des woaß i gwiß,
aa wenn du glabst, daß anders is.
Er hat so herzlich zu mir gred't ...
I bitt di, Hias, dastichn net!«

Der Hiasl hätts verwünschn mögn,
er konn koa Weibsbuid woana sehng.
»Na guat, wennst moanst, mir is des gleich,
i brauch auf jedn Foi a Leich.
Um zwölfe muaß im Sack drin sei,
da kummt der bucklad Narr vorbei
und schmeißt'n dann, wias ausgmacht is,
in d'Amper eine zu de Fisch.
Zwoahundert Taler hat er zoiht.

I muaß a Leich ham und des boid.
Beruflich hab i aa mein Stoiz.
Ihr Weiber wißts ja net, was woits.
O Katherl, bist ein saudumms Schaf!
Zwengs deiner soi er lem, der Graf!«
»O Bruaderherz, i bin so froh.
Der Graf is immer no am Klo.
Er liabt mi und hat gwiß net glogn.
Er kimmt – jetzt hat er d'Spülung zogn!«

Scho geht der Graf zur Gangtür rei,
ahnt net, wia nah am Tod vorbei.
Fast waars in seinem jungen Lem
der letzte Gang aufs Häusl gwen.
Scheints war's eahm grad a bisserl schlecht.
»I geh a weng an d'Luft, is recht?
A hoibe Stund in d'Amperau'n,
dann dua i wieder einaschaung.«
Er draaht de Augn zum Katherl hi.
»Gäi, Muggale, du wartst auf mi!
Hast gwiß a Flaschn Wein im Haus!«
A Bußl no, dann war er drauß.
Von weitem hört ma, wia er singt
a Liad, des oan zum Woana bringt
und jedes Weiberherz dawoagt,
des hat se aa beim Katherl zoagt.

Sie hat se auf'n Diwan glegt
und hemmungslos in d'Nacht neibleckt.
»O wie so trügerisch sind Weiberherzen,
mögen sie klagen, mögen sie scherzen!
Spielt auch ein Lächeln um ihre Züge,
alles ist Falschheit, alles ist Lüge!«

Der Hiasl war ganz ausanand,
»Der Deife bloß no helfa kannt!
Es muaß was gschehng, i bin im Wort,

i brauch a Leich und zwar sofort.
Wenn jetzt a Mo zur Tür reikaam,
ganz wurscht, wer's is, er müaßt dro glaam.
Den braacht i um, so leids ma duat,
denn länger wartn is net guat.«
»So spaat kimmt doch koa Mensch mehr rei!
O liaber Hiasl, muaß des sei?«
Das Katherl is in Angst und Not,
hebt d'Händ und schreit: »Du liaber God,
i bitt di recht schee auf de Knia,
mach, daß neamd einakimmt zur Tür!«

Wahrhaftig, wer hätt scho an Grund,
daß er so spaat no einakummt?
Und doch ham alle zwoa des Gfui,
ois ob no wer ins Haus rei wui.
Um zwölfe kimmt der bucklad Narr,
der hoit de Leich, wias ausgmacht war.
A Viertelstund no bis dahi.

»Es muaß wer draußn sei«, sagt sie.
»Es hat se vor der Tür was grührt.«
Der Hias moant, daß sie fantasiert,
macht trotzdem d' Tür auf mit an Ruck,
reißt 's Messer hoch, es gibt koa Zruck,
denn wer da drauß steht, is a Mo,
er hat a Mannergwandl o.
An schwarzn Schlapphuat diaf im Gsicht.
Doch wiara eahm ins Herz neisticht,
und wia a Schroa aus diafer Brust
de Nacht dareißt, da hoda gwußt,
daß wer da bluatig liegt am Bo'n
und grad no sterwad röchln konn:
»Der Graf, des war mei große Liab,
drum woit i ham, daß i jetzt stirb!«
daß des 'as Lieserl war, des Kind
vom Rigoletto! »Katherl, gschwind,

an Sack her, daß mas einedean!
Ausgrechnet sie hat müaßn sterm!
Ausgrechnet sie, des duat ma leid.
An Sack her, Katherl, höchste Zeit!
Der Graf, der Schuft, der bleibt am Lem,
weil du in eahm verliabt bist gwen.
Der wui di net, hast des net gspannt?
– Doch d' Weiber ham ja koan Verstand!«

An dera Stell muaß nachtragn wern,
daß 's Lieserl unbedingt woit sterm.
Inzwischn war ihr nämlich gwiß,
daß des mi'n Graf ja doch nix is.

Sie hat des vor der Tür drauß ghört,
Daß wer in d'Stum reikumma werd
a Messer einekriagt sogleich,
weil doch der Hiasl braucht a Leich.

So is sie rasch entschlossen gwen,
so hinzugem ihr junges Lem.
Sie konn den Grafn niamois ham
und stirbt daher aus Liebesgram.

Was weiter war, des is schnell gsagt.
Wias z'Dachau drinna zwölfe schlagt,
da kimmt der bucklad Narr daher
und nimmt den Sack und legt'n quer
aufs Gnack und geht zur Amper naus.
De rauscht zwanzg Meter hinterm Haus.
Er stellt der Sack an d' Böschung hi
und hört net auf de Melodie,
de leise durch de Auen schwingt.
A Mo is, der a Liadl singt.

Der Narr hat auf 'n Sack higstarrt.
»Siehgst, Graf, auf de Stund hab i gwart!
Hast glebt und laufend Weiber ghabt.
Sie warn so dumm und ham dir glaabt.
A Narr wia i muaß des ertragn.
Er derf nur zuaschaugn, nia was sagn.
Doch wiast mei Lieserl hast verführt,
da hab i gwußt, daß was passiert.
Hast koa Erbarmen ghabt mit ihr.
Du Lump! Ins Wasser nei mit dir!«

Der Rigoletto hebt an Sack.
Da triffts'n plötzlich wia a Schlag.
A Liadl durch de Nacht erklingt,
a Liadl, des nur oana singt:

»O wie so trügerisch sind Weiberherzen,
mögen sie klagen, mögen sie scherzen ...«

Der Rigoletto steht erstarrt.
Der Sparifunkl hat'n gnarrt!
Der Graf is, der da singt in d'Nacht,
weil drin im Haus a Liab eahm lacht.
Der Graf, es konn neamd anders sei!
An bucklad Narr geht des net ei.
Zwoahundert Taler hat er zoiht,
der Hias hat gsagt, er macht'n koit.
Er konn des ganze net versteh.
Jetzt siecht er wen ins Haus neigeh.
Es is der Graf, ganz ohne Frag!
– O Gott, wer is na drin im Sack?

Er reißt'n auf und duat an Schroa.
Sei Gsicht werd grau und hart wie Stoa.
»Mei Lieserl!« schreit er no, »mei Kind!«
und foit dann ohne Lem nach hint,
und damit foit aa kurz und schlicht
der Vorhang über des Gedicht.

A Mo, der aus Feldmoching war,
der hat an Graf und aa an Narr
verfluacht, bis eahna 's Lem zerbricht.
An Narr hats troffa, wia ma siecht.
Er hat des höchste Glück verspuit,
der Haß reißt d'Menschn nei in d'Schuid.

Der Graf jedoch, der is fein raus,
lebt weiterhi in Saus und Braus.
Doch braucht dem Mo neamd neidig sei,
aa den hauts no in d'Pfanna nei.
A knappes Jahr eahm bloß no bleibt.
– So gehts, wenns oana übertreibt! –

Er hat moi wieder oane gliabt
und gmoant, daß sich was zammaschiabt.
Ihr Mo erfahrts und is entsetzt.
Er hat sofort a Messer gwetzt
und in flagranti ihn erwischt.
A Schroa, dann hat mas ghört, wias zischt.
Und damit geht a Ausgang her,
der Graf von Dachau is net mehr.
Der Stich geht diaf ins Herz eahm nei.
Regts euch net auf – es is vorbei.

Der Bajazzo
oder
Der Jaager vom Spitzingsee

Frei nach der Oper von
Ruggiero Leoncavallo

Erster Akt

Wachst drüber aa scho längst a Gras,
– in Schliersee woaß koa Mensch mehr was –
de Gschicht jedoch, de i erzäih
– i schwör euch des auf Ehr und Säi –
is wahr vom Anfang bis zum End.
Wenn d'Eifersucht a Herz verbrennt,
woaß oana nimmer, was er duat,
der jaache Zorn schiaßt eahm ins Bluat.
Wenn oana is so siadad hoaß,
daß er koan andern Weg mehr woaß
– moralisch d'Kurvn nimmer kriagt –
und 's stehad Messer außaziahgt,
den andern sinnlos niedersticht,
dabei sei eignes Glück vernicht ...
Wenns soweit kimmt, na sagt ma se,
an so an Mensch konnst nur versteh,
wennst woaßt, wia so a Gier entsteht,
was da im Körper vor sich geht,
im Hirn, im Herz, im Bluat, im Magn,
auf medizinisch sozusagn,
daß oana sich net außesiecht
und einen Menschn niedersticht,
obwoi er woaß, daß sinnlos is.
Denn wenns passiert, des oa is gwiß:
daß wenn er einen Mord begeht,
gehts für eahm naus genau so bläd,
ois wia für den, den er ersticht,
an Mörder bringt ma vor a Gricht,
sei eignes Lem is aa verlorn,
denn Mörder, de san aufghängt worn.

Drum meine Damen, meine Herrn,
laßts euch vorher des kurz erklärn,
was drin im Körper nimmer stimmt,
daß zu an soichn Kurzschluß kimmt:

De Nebenniern fangt 's Spinna o,
's Adrenalin spritzt ihr davo;
es geht sein Weg direkt ins Bluat,
wo's dann sofort sei Wirkung duat.
Der Stoffwechsl duat rebelliern
vom Ingräusch aufe bis zum Hirn.
De Bluatgefäße wer'n verengt
und jede Hemmung is verdrängt.
An Herzschlag packt de Raserei,
daß d' glaam megst, er darennt se glei.
Der Kopf werd rot auf einen Ruck,
's Bluat schießt ins Hirn und konn net zruck
und wenns an Belle aa net zreißt,
dastickt doch jeder klare Geist.
Und des is nacha der Moment,
wo oana sich im Zorn darennt.
Der ganze Mensch is gschoit auf stua,
er langt zum Messer – und sticht zua.

Jetzt hab i euch des kurz erklärt,
wia plötzlich oans zum Mörder werd,
aus Eifersucht, verstehts mi scho,
mit der fangts nämle meistens o,
was medizinisch dazua führt,
daß so was Schreckliches passiert.
Und was den Menschn seelisch druckt,
weil er net ums Varegga schluckt,
daß plötzlich aus is mit sei'm Glück,
erfahrts jetzt glei in unserm Stück.
Schnell brennt a Herz, a Messer blitzt,
wenn d' Eifersucht a Gmüat dahitzt.

Und ois is z'spaat, wenns 's Bluat moi rinnt,
glei werdses sehng: das Spui beginnt.

Des war jetzt, daß i des no sag,
zu unserm Drama der Prolog.

Ma woaß: vor ewig langer Zeit
war's Lem no ruhiger wia heut.
Koa Fernsehng und koan Radio
hats gem und d'Leut warn herzlich froh,
wenn ebbas aus der Reih passiert,
was spannend is und amüsiert.

In Schliersee sans ganz narrisch gwen:
»Heut gehts wuid auf, des könnts dalem!«
Zum Dorfplatz renna alle Leut,
schaugn nach der großn Neuigkeit:
Komödispieler san im Ort!
Oan Tag, und morgn ziahngs wieder fort.
Sie kemma aus'm Böhmerland
und san im ganzn Gäu bekannt.

Der Pascher Luis, der Öberste,
der Herr Direktor hoaßt er se,
führt Stückln auf zur höchstn Freud.
Er woaß genau, was möchtn, d'Leut,
mit welcher Gschicht er richtig liegt,
wenns lacha, daß ma d'Stockzähn siehgt,
wenn 's Wasser aus de Augn rausrinnt,
de Weiber 's Bislwasser kimmt.

Heut amoi probierns a neues Stück.
Da suacht der Harlekin sei Glück
bei Columbine, einem Weib,
des ihn benützt zum Zeitvertreib,

weil der Bajazzo, ihra Mo,
am Amd fast nia dahoambleim ko.

Der Daxer Fred ois Harlekin
macht se a d' Columbine hin,
bis schließlich der Bajazzo kimmt,
den Baaze bei de Löffe'n nimmt.
Des gfoit de Leut, wenn se was rührt,
doch was dann wirkle is passiert,
daß alle ganz dakemma warn,
des werds no zeite gnua erfahrn.

Grad hams a kloane Bühne baut.
Der Pascher Luis hat streng drauf geschaut,
daß jeder hilangt, wia ses ghört,
und alles pünktlich fertig werd.
No mehra hat er scharf drauf g'acht,
daß koans sich an sei Wei himacht.
Sie is so schee, hat er sich denkt,
daß jeder Kerl sein Hois ausrenkt,
aa wenn er s' nur vom weiten siecht.

Tatsächlich war sie ein Gedicht
aus Fleisch und Bluat, de Mariann.
's koirabischwarze Haar und dann
de Augn, de groß und glanzad warn!
Hoaß is an Daxer einegfahrn,
der grad Kulissn aufgstellt hat.
Er woaß se mit dem Weib koan Rat:
›So wias mi mißt, von o'm bis unt,
i wett mein Kopf, des hat an Grund!
Sie find't mi männlich intressant,
– wenn i bloß derfat, wia i kannt! –
Vielleicht liegt alles bloß an mir,
weil i net hoaß gnua bin zu ihr!
Ganz einfach packa müaßad mas
und net lang rumre'n oder was!‹

Doch dann schaugts ganz wo anders hi,
grad so, ois waar er Luft für sie.
Aus is der Draam von Liebesglück
und mit an Himalaja-Blick
schaugt d'Mariann weit übern See.
Der Pascher Luis steht in der Näh
und siecht, wias mit verdraahte Augn
zur Brecherspitz duat nüwaschaugn.
Er denkt se weiter nix dabei:
Sei Mariann, de bleibt eahm treu,
scho weil er aufpaßt wia a Lux,
daß koa so Gloiffe hinterrucks
sei Eheweib verknutschn kannt.
Bis jetzt hat er no nia was gspannt,
daß oana ausm Publikum
hätt Feuer gfangt und hintnrum
verführn hätt woin sei Mariann.
Na na, da geht scho gar nix zamm!
Drum bleibt er, daß i des no sag,
an jedem Ort bloß nur oan Tag.
Sie san scho moi in Schliersee gwen
vor siem, acht Jahr, da hats nix gem.
Der Lausbua grad vom Spitzingsee,
der gschwärmt hat, sie waar wunderschee!
Wenn er a wengal älter waar,
dann packadas mit Haut und Haar.

An Luis hats zunächst amüsiert.
Er hat ja gwußt, daß nix passiert.
Der Bua war höchstens sechzehn Jahr
und deswegn absolut koa Gfahr.
Wia rührend war sei Liebesnot,
wenn der im Saft steht, pfüadegod!
Doch hoda, was ma deutlich siecht,
no kaam den erstn Flaum im Gsicht.
Er hat se Küwerl Franze gnennt,
in Schliersee hatn jeder kennt.

»De schönste Frau«, so hoda gred't,
»bist du alloa! I lüag fei net.
Bin krank schier vor Bewunderung
und waar i net so bluatig jung,
dann gaabs für mi scho gar koan Hoit,
i naahm di, notfois aa mit Gwoit,
mit auf mei Hüttn drom am See,
du müaßast einfach mit mir geh.
Hätt i ois Jaager scho a Stell
und waar i älter, dann gangs schnell.
Du ghörast mei, des derfst ma glaam,
koan Zweife gaabs, i müaßt di ham.
Doch was net is, des konn no wern,
derselbig Tag is nimmer fern,
wo 's an der Zeit is, daß i kimm
und di mit auf mei Hüttn nimm.
I liab in Ewigkeit nur di!
Drum bitt i, Madl, wart auf mi!«

De zuagehört ham, ham alle grinst.
Der Pascher Luis hat gsagt: »Du spinnst!
Schaug daß no hoamkimmst vor der Nacht,
daß d' Muatter dir a Griasmuaß macht.
Verschwind, kloans Würschtl, sonst bist dro!
A so a Muichgsicht, den schaug o!«

Der Bua, des hat ma deutlich gsehng,
is a Naturereignis gwen.
Des, was er woin hat, hat er gsagt,
und einfach higlangt, net lang gfragt.
Ois Bergmensch isa hart und zaach,
und wenn er liabt, dann liabt er gaach.

De Gschicht is, wia gsagt, ungefähr
a guate siem, acht Jahr scho her.
An Luis is net verborgn bliem,
daß d' Männer d'Augn hat außatriem,

wenn d' Mariann voi Lebnslust
– daß d' Männer narrisch macht, hat s' gwußt –
de ganze Truppn kommandiert,
ois, was sie sagt, des is passiert.
Im Grund is sie de Hauptperson,
weils d'Männer hörig macha konn.
Des net bloß, wenn s' Komödi spuit.
Ma woaß ja, was a Mannsbuid fuit,
wenn oane jung und knackig is.
Um so a Wei is hoit a Griß.
Der Daxer Fred hats formuliert,
er kennt den Ausdruck von an Liad:
A Mo wenn siecht ein schönes Wei,
schiaßt eahm der Saft ins Kachal nei!
Was gmoant is, braucht ma net erklärn
und 's Liadl wern ma na glei hörn.

Der Luis jedoch hat immer gsagt,
es hädn nia a Unruah plagt,
daß sie eahm durchbrennt irgendwann.
Sie liabt mi haaß, mei Mariann!
Bei Tag und Nacht denkts nur an mi,
es kimmt koa andrer an sie hi!«

Der Luis war ohne Temprament,
hat koa Vergnügn, koa Gaude kennt.
Nur wenn er an Bajazzo macht,
dann hoda quasi dienstlich glacht.
Denn zwischen Bühne und an Lem
– des is an Luis sei Standpunkt gwen –
is hoit a großer Unterschied:
's Theaterspuin, des reißt oan mit,
und ois Bajazzo lach i hoit,
weils sei muaß, dafür wer i zoiht.

De Mariann war 's Gegenteil.
»Merkst net, du machst an jedn geil

mit deiner Hinternwacklerei!«
Der bucklad Hias geht grad vorbei.
Er muaß an Disch auf d' Bühne tragn.
»O Mariann, laß dir was sagn!«
Scho geht er pfeigrad auf sie zua.
»Der Deife hols, i find koa Ruah.
Tagtäglich lem mir eng beinand,
wias um mi steht, hast sicher gspannt.
I hoits net aus in deiner Näh,
wias is, so konns net weitergeh.
Du muaßt Verständnis ham für mi:
von früah bis amds siech i nur di,
nur sehng und net a bisserl mehr!
O Mariann, komm bittschön her,
und sag ma, daß i hoffa ko!
I hab mir denkt, jetzt geh i's o,
denn irgendwann muaß ja passiern.
I konn net mehra, wia verliern.
I bin zwar bucklad, doch net dumm,
o Mariann, nimm mir's net krumm ...«

Scho dringt der Hiasl auf sie ei.
»Geh weg, du spinnst, es konn net sei!«
A Goaßlstecka saust durch d'Luft.
»Gwoit hättst mir odoa woin, du Schuft!«

An Hiasl trifft a Schlag ins Gsicht
und wara 's Bluat rolaffa siecht,
da windt er se vor Scham und Zorn.
Er hats probiert und ois verlorn.
Schnell steigt er aufn Blachawagn
und zischt: »Du hast mi bluatig gschlagn!
Jetzt hast an Feind, des sag i dir,
den Schlag ins Gsicht, den büaßt du mir!«

Wia sehr de Drohung ernst is gwen,
des wern ma nacha glei dalem.
Es fliaßt no Bluat, so vui is gsagt,
von wem, erfahrts im zwoatn Akt.

2. Akt

Vom Spitzing kimmt a Mannsbuid ro,
a Mordstrumm Kerl, verstehts mi scho.
Koa Bürscherl mit an Flaum am Kinn,
grasgrea und nix im Kachal drin.
A Mannsbuid, des scho gwiß was zreißt,
im Oider, wo ma Baam ausreißt.

Durch Neuhaus isa durchegrennt,
hat neamand grüaßt und neamand kennt,
hat nur in Richtung Schliersee gschaugt.
Des kühle Winderl hat eahm taugt,
da kimmt er net so sehr in d'Hitz.
Heut früah, am Weg zur Brecherspitz,
da hat er's ghört de Neuigkeit
und se glei aufgführt wia net gscheit.
»In Schliersee deans Komödispuin!«
»Da muaß i hi, um Gotteswuin!
Wia guat, daß i des zeitig woaß!«
Der Küwerl Franze war glei hoaß.
Am Namedag, so uma zwoa,
da isa losgrennt ganz alloa.
Er singt a Liadl frei und froh
vom Glück in Schliersee, des geht so:

>   I laß heut alles steh,
>   weil i nach Schliersee geh.
>   I kimm zum Schatzerl hi,
>   sie wart scho gwiß auf mi,
>   weil i a Fescher bin,
>   mit Saft im Kachal drin
>   holadiriaho, im Kachal drin.
>   Wenn i nach Schliersee geh,
>   is 's Lem nomoi so schee,
>   weil da mei Deandl wohnt,
>   de mi mit Liab belohnt,

weil i a Fescher bin,
mit Saft im Kachal drin,
holadiriaho, im Kachal drin.

Er denkt nur no an d'Mariann.
Oft hat er s' nachtlings gsehng im Draam
und ghofft, daß sie boid wiederkimmt.
Vom Schliersee aufa tragt der Wind
an Gruaß von ihr. Sei Herz schlagt laut,
ob d'Mariann jetzt aufaschaut?
Er spürt a wunderbares Glück,
und wieder denkt er an den Blick,
den sie eahm damois nachgschickt hat.
Er hat nix ghabt davo, is schad.
Siem Jahr is her, doch jetzt is Zeit,
daß er sei Liab ihr schwört, no heut.

Wia d'Sonna hinterm Berg verschwindt
der Franze nei nach Schliersee kimmt.
De Mariann steht bei de Roß,
und ihre Augn wer'n hell und groß.
Sie is so schee, wia damois gwen,
hoit naa, no scheena, konns des gem?
Der Franze spürt a gaache Lust,
denn wiaras oschaugt, hoda gwußt,
daß sie ihn net vergessn hat.

»O Mariann, des oane grad:
wenns d' mir verratst, ob du mi magst,
mir nur a oanzigs Wartl sagst,
was du für mi im Herzn fuihst,
ob du für immer mir ghörn wuist?
I sag dirs glei, bei mir gehts schnell,
i hab ois Jaager jetzt a Stell
und zu an Häusl hab i's bracht.
I nimm di mit, wenns geht, heut nacht.
Du brauchst bloß ja sagn, na is guat.«

De Mariann an Schluchzer duat,
den s' raufghoit hat von woaß Gott wo.
»I konns net sagn, i bin so froh!
I hab scho gwußt, de Stund, de kimmt,
wo ois a guate Wendung nimmt!«

A Lem in hoaßer Liab, des wuis,
net ewig bleim beim Pascher Luis.
»O Franze«, sagt de Mariann,
»i liab de sehr, mir gehnga zamm.
Dei Liab, de macht mi ganz varuckt!«
Dann hodsn an ihrn Busn druckt.

Der Franze merkt: eahm zittern d'Knia.
Was jetzt passiert mit eahm und ihr,
is a Naturereignis gwen.
Ma muaß des biologisch sehng:
De Liab flammt auf, a Kraft werd frei,
scho schiaßt der Saft ins Kachal nei.

Versunka is de Welt ringsum.
»O du mei Liabster!« sagt sie, »kumm!«
und ziahgtn nei in Blachawagn.
Was da passiert is, brauchts net fragn.

Grad wia a Urgwoit hatses packt ...
»Heut nacht, o Franze«, hats na gsagt,
»wenn de Komödi is vorbei,
dann kimmst, i richt mi scho drauf ei.
Für immer geh i dann mit dir,
i bin de dei und du ghörst mir!«

»O liabe Mariann, es guit!«
Er hat se wia im Himme gfuit.
»Um hoibe zehne hoi i di.
Zwoa Stund sans grad no bis dahi.
Du bist mei Ois, i liab di sehr,

i konns schier net derwartn mehr.
Verlaß di drauf, i hoi di raus!«
A Bußl no, dann war er drauß.

Doch leider Gottes warn de zwoa,
wia des ois gschehng is, net alloa.
Der Hias steht hinterm Blachawagn,
hat alles ghört, was de zwoa sagn.
Der Schlag vom Goaßlstecka brennt.
Er hat nur bittre Rache kennt.
»Der Deife hois, da fahr i nei!
Werd d'Mariann scho net de mei,
dann brauchts der Gloiffe zwoamoi net!
I wer's verhindern, wurscht wias geht!«

Wenn oan der Neid im Herzen sitzt,
wer'n böse Sachn außagschwitzt.
Im Hiasl brennt der blanke Haß,
scho rennt er niwa über d'Straß.
Der Luis kimmt grad vom Wirtshaus raus,
der Hiasl steht scho newan Haus.

»He, Luis, i muaß dir ebbas sagn.
Mir ham uns immer guat vertragn,
Du bist mei Freund, es duat ma leid,
doch daß was gschiacht, is höchste Zeit.
De Mariann wui weg von dir.
Heut nacht brennt oana durch mit ihr.
Ois weitere werst scho no sehng.
Vielleicht konnst gar nix doa dagegn.
Du derfst mas glaam, de Gfahr is groß!
Mi gehts nix o, i sag dir's bloß.«

»Hör auf, den Blödsinn konnst dir sparn!«
Fast waar er eahm an d'Gurgl gfahrn.
Der Pascher Luis is blaß vor Zorn.
»He Hiasl, du bist narrisch worn.

Beleidigt hast mei Mariann!
Nia geht sie mit an andern zamm.
Sie liabt nur mi und neamand sonst.
Hoits 's Mei, wennst nix beweisn konnst!«

»Was brauchts Beweis, du wersts dalem,
i habs doch selber ghört und gsehng,
wia hoaß de zwoa mitnander treim,
wennst des net glaam wuist, laß das bleim!«

Da springt der Luis an Hiasl o.
»Raus mit der Sprach, wia hoaßt der Mo?
Is gar vielleicht der Daxer Fred?
I woaß genau, wias um eahm steht,
er hat nur d'Mariann im Sinn
und spinnts recht o ois Harlekin.
I muaß jetzt wissn auf der Stell!
Lüag mi net o, du Lumpngsell!«

Jetzt is der Hiasl narrisch worn.
»Du hast dei Mariann verlorn!
Doch was gehts mi o!« hoda zischt,
»schaug selber, daß den Kerl dawischt!«

Der Pascher Luis war leichnblaß,
rennt wia a Wuider über d'Straß
und siecht sei Wei am Blachawagn.
»O Mariann, du muaßt mir sagn,
ob du mi liabst wia eh und je.
Du derfst mei Frag net foisch versteh.
I woaß, dei hoaße Liab ghört mir.
I wuis bloß wieder hörn von dir,
daß du mir gern hast, mi alloa!«

»Laß mi in Ruah, i hab zum doa!
Mir müaßn glei Komödispuin,
scho höchste Zeit, um Gotteswuin!«

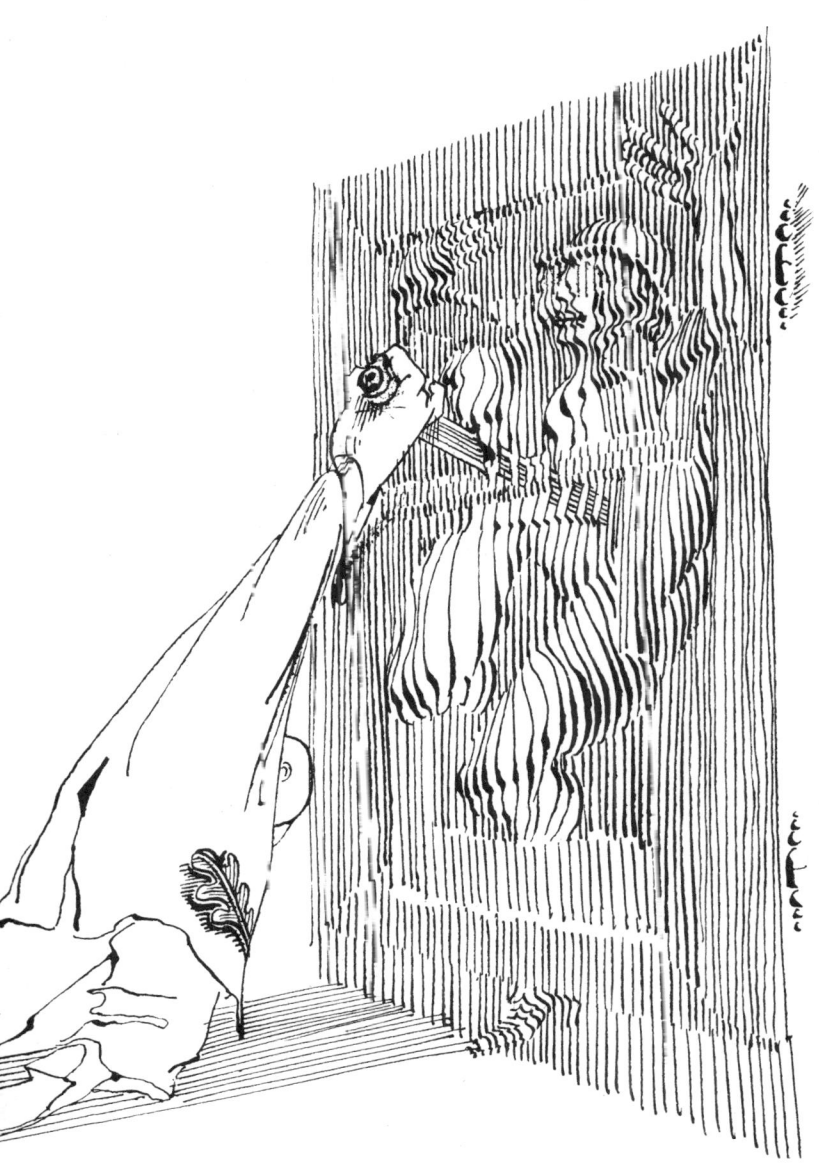

Der Luis moant grad, er hört net recht.
»O liabste Mariann, i möcht
nur wissn, ob du mi no magst,
des oane wennst mir nur grad sagst!«
Er faßt ihr Hand, es muaß was sei,
denn sie schaugt koit an eahm vorbei.

»Na guat«, sagts, »re'n ma net lang rum,
dei Wuislerei, de werd ma z'dumm.
I hab an andern, daß d' es woaßt,
es konn dir wurscht sei, wiara hoaßt.
Mir liam uns, und mir bleim beinand.
Du hast in all de Jahr net gspannt,
daß i a Freiheit brauch für's Lem!
Bist dauernd hinter meiner gwen,
hast glurt, daß ja koa andrer Mo
mi grad a bißl gern ham ko.
Drum muaß jetzt aus sei mit uns zwoa.
I laß di no heut nacht alloa!«

Der Luis woaß nur, es derf net sei,
des was sie sagt, geht eahm net ei.
Und 's Denka foit eahm plötzlich schwer.
Geht net ois weiter wia bisher?
Sei Mariann bleibt doch bei eahm,
de kriagt koa andrer, net ums Sterm!

So gehts eahm bleischwer durch sei Hirn.
Sei rechte Hand duat 's Messer spürn,
des in der Seitntaschn steckt.
Er geht zur Bühne höchst erregt
und ziahgt 's Bajazzo-Gwandl o.
'as Spui beginnt, d' Leut wartn scho.

Hoib Schliersee war heut auf de Füaß,
vui Bauersleut, a junges Gmüas,
und alles lacht und klatscht in d' Händ,

wenn sich der Harlekin darennt
vor Liab. »O Columbine, hör,
wenn ich dir heiße Liebe schwör,
dann bist du mein für diese Nacht!«

Der Daxer Fred hat's glänzend gmacht!
Er foit auf d'Knia und fleht sie o,
er gibt sei ganzes Feuer dro:
»O schönstes Kind, ich bin entzückt,
dein Liebreiz macht mich noch verrückt!«

»Oh Harlekin«, sagt d' Mariann,
»in zwei, drei Stunden kommt mein Mann.
Bis dahin g'hör ich dir allein,
du wirst mein Heißgeliebter sein!«
Unwiderstehlich is ihr Scharm.

Sie schliaßt an Harlekin in Arm.
»Könnt ich für immer bei dir sein!
Mein Herz schlägt nur für dich allein.«

Sein Kopf an ihrem Busn loahnt.
D' Leut ham vor lauter Rührung gwoant.
De hoamlich Liab is hoit so schee!
Wer's scho dalebt hat, konns verstehn.

So wia der Daxer Fred des spuit,
mit jedm Wort auf Wirkung zuit,
so echt, es gibt koan Zweife net,
wias um den Mo tatsächlich steht.
Er macht se an ihrn Busn breit.
»Ich küsse dich mit Zärtlichkeit
auf deinen süßen, roten Mund ...«

Da duats an Krach im Hintergrund.
Dort is der Luis, ma siechtn net,
weil er im schwarzn Schattn steht.

Er hat des ganze ghört und gsehng.
Er springt nach vorn, jetzt muaß was gschehng.
De Liab von dene zwoa is echt,
sei Mariann is abgrundschlecht!

Des is des Letzte, was er denkt.
Mit was des weitre zammahängt,
liegt in an anderem Bereich.
's Adrenalin! Erinnerts euch!
I hab am Anfang scho erklärt:
der Mensch auf nix und neamd mehr hört,
'as hoaße Bluat schiaßt eahm in Kopf,
er werd ein willenloser Tropf,
und wenn's an Belle aa net zreißt,
is doch dahi der klare Geist.
Der Pascher Luis is gschoit auf stua,
er ziahgt sei Messer und sticht zua.

Der spitze Dolch trifft d'Mariann,
sie duat an Schroa und bricht na zamm.
Der Stich geht mittn nei ins Herz,
es war glei aus, sie spürt koan Schmerz.

Der Luis steht da, erstarrt und stumm.
Der erste ausm Publikum,
der aufspringt und zur Bühne rennt,
– der Luis, der hatn sofort kennt –
des is der Küwerl Franze gwen.
Der dumma Bua kannts überlem,
stürzt er net hi zur Mariann ...

He, Küwerl Franze, reiß de zamm!
Siehgst net, der Luis, der geht di o,
er sticht di nieder, glaab mas do!
De Eifersucht sei Herz dafrißt,
Er woaß, daß du sei Todfeind bist!

Da wars scho z'spaat, der Luis is stua,
er hebt sei Messer und sticht zua ...

Der Küwerl Franze stirbt dahi,
er foit auf d'Bretter newa sie.
Er und sei liabe Mariann
– im Tod, da findn s' endlich zamm.

Und damit, meine liabn Leut,
is woi, so moan i, an der Zeit,
daß sich der Vorhang runtersenkt.
Wias oft im Lem so zammahängt,
des habts jetzt gsehng und de Moral,
de suachts euch raus nach eigner Wahl
Denn d'Eifersucht werds euwei gem,
solang mir Menschn zammalem.

In Schliersee hat ma lang no gred't:
»Ganz klar, daß des in Grabn neigeht«,
hams gmoant. »Ma konn des guat versteh,
de Frau war einfach vui zu schee.
Ma hats ja gsehng, wie d'Männer schaugn,
grad abdappt ham ses mit de Augn,
wenns auf der Bühne gstandn is.
Um so a Wei is hoit a Griß.
Da bleibt koa Mannsbuid unberührt.
Koa Wunder, wenn da was passiert.
Der Küwerl Franze, – liaber Gott! –
warums jetzt den dawischt hat grad,
werd ewig woi a Rätsel bleim.
Ma woaß zwar wias de Manner treim,
doch so a junger Jaagersbua
mit an Komödi-Wei? – Geh zua!
Doch wias aa sei mag, er is dot.
A Trost waar nur des oane grad,
daß ma a Marterl setzt für eahm
am Platz, wo er hat müaßn sterm.«

Des hat ma gmacht, so schnell ois geht.
i sag euch jetzt, was dromasteht:
Der Küwerl Franze, wohlbekannt,
verstarb allhier durch Mörderhand.
Er war noch jung und unerfahrn
mit seinen vierundzwanzig Jahrn.
Er wollt beschützen eine Frau,
der Mörder aber stach genau
sein Messer in des Jünglings Herz,
daß dessen Seel flog himmelwärts.
Ganz kurz vorher am gleichen Ort
hat er auch noch die Frau ermord't.
Den Mörder hams ins Gfängnis gschmissn,
von dort is er bald ausgerissen.
Doch ein gerechter Gott im Himmel
wird strafen einst auch diesen Lümmel.
Betet für die armen Seelen!

Tannhäuser

oder
De Venus in der Kampenwand
Frei nach der Oper von Richard Wagner

Erster Akt

Wer denkt scho, daß de Kampnwand
amoi a Liabsnest gwen sei kannt?
Es is ja aa scho ewig her,
vor tausnd Jahr so ungefähr.
Da haust im Bergesinnern drin
a Weib, des hat se Venus gschriem.
Sie is de Liebesgöttin gwen.
Es hat für sie nix anders gem,
ois Männer zu sich eineziahng,
net jedn grad, da daat i lüagn.
A gwisse Auswoi hats scho pflegt,
durchaus an Wert auf Schönheit glegt.
Am meistn wars auf soiche wuid,
de gsunga ham und Musi gspuit.
Zwar hat des aa net euwei klappt:
an Zitherspieler hats moi ghabt,
a Hoizknecht wars aus Bayrischzell,
a Gmüatsmensch mit an flachsan Gstell.
Sei Liab war hoaß und voller Kraft,
sei Auftre'n aber grauenhaft. –
Statt daß er ›holde Göttin‹ sagt,
sie nach ihrm Wohlbefindn fragt
und brünstig hoaße Liab ihr schwört
und bettlt, daß sie ihn erhört,
war jedsmoi nur sei grobe Red:
»Sag, Oide, magst jetzt oder net?«
Des hat d' Frau Venus net vertragn.
Zur Göttin konnst net »Oide« sagn.
De ganze Stimmung war versaut,
drum hat s'n glei zum Deife ghaut.

Der nächste, der se hat bewor'm,
der is vor lauter Liab schier gstorm.
Er war ein fescher Musikant;
steigt voi Begier auf d' Kampnwand,

und wiara na d'Frau Venus siehgt,
wias nackad in de Daunen liegt,
da hoda brennt so liachterloh,
daß d' moana kannst, er gehts glei o.

A Göttin aber, des is gwiß,
bleibt Göttin, aa wenn s' nackad is.
Sie hat ihr Würde net verlorn,
war majestätisch hint und vorn,
wia d' göttliche Natur sie schuf.
Sie war e'm nackad von Beruf.

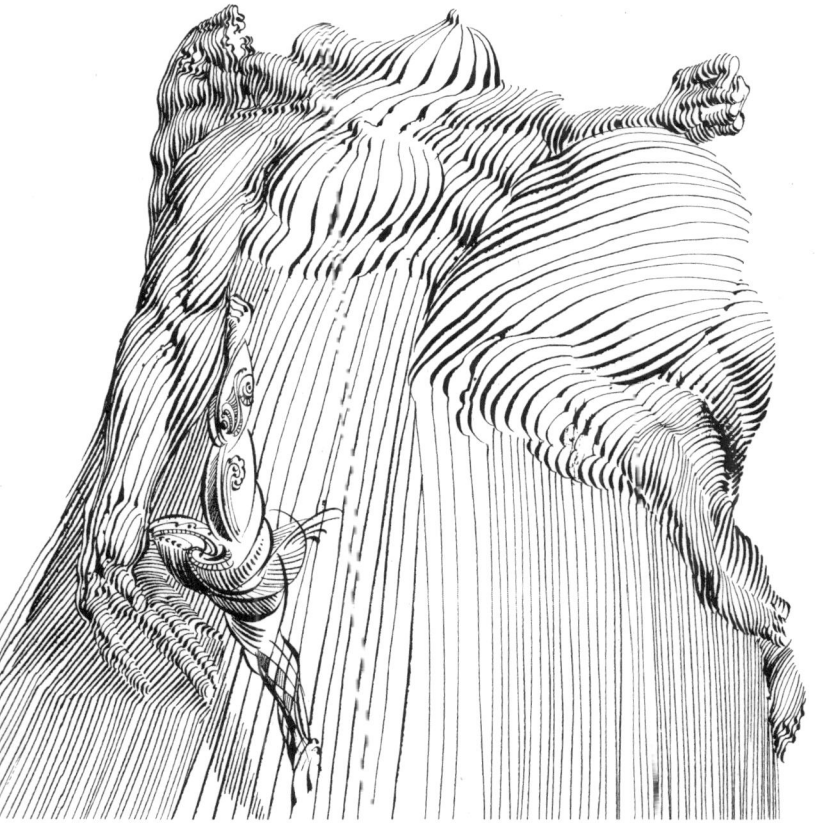

So is aufs Erste nix passiert.
Der Bsuach hat se a wengerl ziert.
»Tannhäuser hoaß i«, hoda gsagt,
»und bin ois Minnesänger gfragt
und konn aa recht guat Harpfaspuin.
Doch wennst net wuist – um Gotteswuin –
dann geh i wieder auf der Stell!«

Da is de holde Göttin schnell
in d' Höh' gfahr'n: »Mensch, des is a Gschicht!«
Wia wenns a Weps in Hintern sticht,
schiaßts aus de Daunenkissen raus,
»o Freund, i laß di nimmer aus!
I hör mir gern a Liadl o,
was weiter is, des sehng ma scho!«

Er nimmt sei Harpfa schnell zur Brust
und singt a Liad von Liebeslust,
nach der sei armes Herz sich sehnt.
Er waar vom Schicksal net verwöhnt
und einsam gang de Zeit dahi.
Sei letzte Hoffnung, des waar sie!

Sei letzte Hoffnung! Des hat glangt!
D'Frau Venus is zu eahm higwankt
und hat'n in de Daunen zogn.
Siem Stund hats dauert, ungelogn,
bis auseinanderganga san,
obwois no lang net gnua ghabt ham.
Und hingerissn fleht s'n o:
»I bitt di, bleib für immer do!
Ois Liebesgöttin, gib i zua,
hab i zwar schöne Männer gnua,
doch macht mi koana richtig hoaß
von dem verdepptn Geistergschmoaß.
Net oana liabt mit soicher Kraft!
Siem Stund, des hat no koana gschafft.

Bist gwiß a Baier, oder net?
Nur Baiern wissn, wia des geht.«

Da nimmt er sie gerührt in Arm,
sei Stimm klingt freudetrunken warm:
»O Holde, wer beschreibt mei Gfui!
I bleib bei dir, konn sei was wui.
Hab nia im Lem a soiche ghabt!«

So hoda gred't – und sie hats glabt.

So san de zwoa beinanderbliem,
net ewig, des waar übertriem.
Bind't zwoa des Fleischliche nur zamm,
is net von Dauer, derfts mas glaam.
D' Frau Venus war zwar sehr bemüht,
doch machts hoit doch an Unterschied,
ob oane bloß hat d' Lust im Sinn,
fast wia a Gunstgewerblerin,

oder ob a Weib für 's Lem
im Hirn was drin hat – außerdem!
Im großn, ganzn muaß ma sagn:
Sie ham se trotzdem guat vertragn.
Doch noch an Jahr war's dann so weit.
Da denkt er: »Jetzt is höchste Zeit!«
Es war nach einer Liebesnacht
– er hat net arg vui zammabracht –
so gega neune in der Fruah,
da sagt er: »Schatz, i hab jetzt gnua.

Es war ja gwiß recht schee bei dir,
i dank dir recht für alle Müah,
doch jetza langts und i möcht geh
und zwar sofort, konnst des versteh?
Dei Liab is hoaß, doch nur im Bett.
Des langt hoit auf de Dauer net.
I muaß dir's sagn, es duat ma leid:
du bist ma über mit der Zeit.
I woaß, daß hart is, was i sag,
drum schiab i's naus scho vierzehn Tag,
doch oamoi muaß ja endlich raus:
's war nett bei dir, doch jetzt is aus.«

Der Venus is glei d'Luft wegbliem,
ihr Gsicht hat ausgschaugt, grad wia gschpiem,
denn für a Göttin is des hart,
wenn ihr a Mensch auf soiche Art
ins Gsicht neisagt, wias um sie steht.
Drum fangt s' schier 's Woana o und fleht:
»Is des dei Ernst, geh, sei net fad!
War Tag und Nacht für di parad.
Hab alles gem, was möglich is,
und du warst glücklich, des is gwiß!
Jetzt auf amoi waars nimmer recht.
Naa, naa, mei liaber Freund, i möcht,
daß du für immer bei mir bleibst!«

Da sagt er: »Weib, du übertreibst!
Für immer, des is einfach zvui,
denn mit der Zeit stumpft jedes Gfui,
wennst immer nur des Gleiche siehgst,
wiasd nackad in de Daunen liegst!
Ob weiß, ob rosa limonad –
der schönste Hintern werd moi fad,
der holdast Busn nimmer ziahgt,
auf Dauer jeder Reiz verfliagt!«

Da zischt sie: »Freund, des geht zu weit!«
springt aus de Daunen raus und schreit:
»Du Schuft, hab i net alles do,
daß d' mi genießn konnst ois Mo?
Und i war zfrie'n, mir hat des gfoin.
Was hätt i sonst no macha soin?«

»Da hammas!« sagt Tannhäuser drauf.
»Genau der Punkt, der regt mi auf.
De Sinnenlust is jednfois
für oan wia mi no lang net ois.

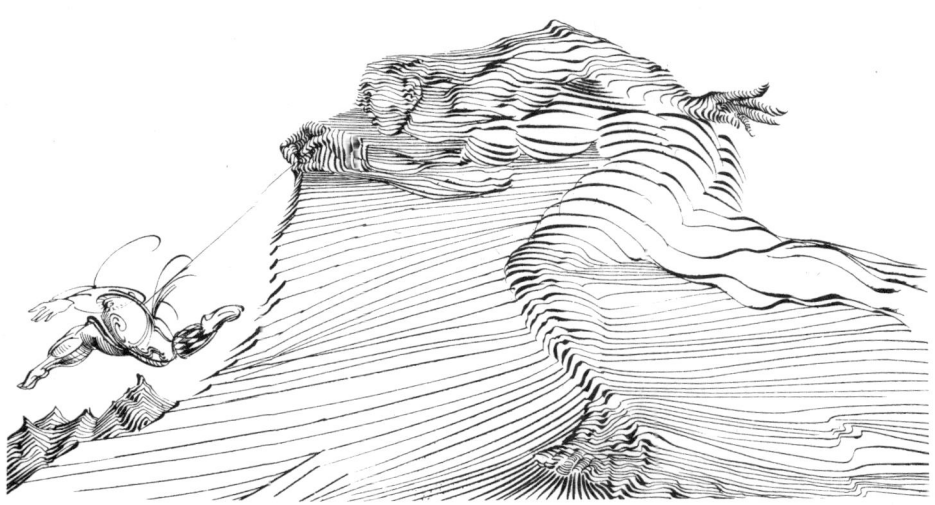

Sie werd oan zwenig mit der Zeit,
'as Lem is bunt und groß und weit.
I möcht jetzt auße in d' Natur,
bei dir herin versumpft ma nur.
I wui an Woid, a Wiesn sehng
und mittags mi in d' Sonna legn.
Am Amd mit feine Leut verkehrn,
de meine Minneliader hörn,
und intressante Redn führn.
Für sowas hast ja du koa Hirn!
Ois Liebesgöttin, nimms net krumm,
bist hoit für alles andre z'dumm.
I hab net bloß nach Liebe Durscht,
bist aa a Göttin, des is wurscht.
's Moralische kommt a dazua.
Mei Gwissn laßt mi net in Ruah,
denn christlich bin i schließlich aa.
Naa, naa, i bleib net länger da!«

Beim Wort vom Christlichsei wars aus.
Er hört a Donnern und Gebraus,
a Schwefedampf zischt aus'm Stoa,
er siehgt se plötzlich ganz alloa.
Es hebt'n hundert Meter hoch,
dann fliagt er naus zum Felsnloch,
und plötzlich siecht er sich genau
auf einer Wiesn bei Grassau.
Wias ganga is, er hat's net gspannt.
Vernewed steht de Kampnwand.
Er woaß hoit nur des oane grad:
daß sie ihn außegschmissn hat.
Sei Knochngstell is unversehrt,
ois is vorhandn, was eahm ghört,
sei Harpfa hängt am Buckl hint,
nur grad mi'n Gwissn hats net gstimmt.
Er hat se bittre Vorwürf gmacht,
weil er a Jahr lang Tag und Nacht

sich bei Frau Venus hat ergötzt.
A schwaare Sünd! – Was duat er jetzt?

Da kimmt aus Richtung Marquartstein
a Pilgerzug, a Mordsverein
und singt, der Herrgott möcht vergem,
was ma gesündigt hat im Lem.
Damit Verzeihung kimmt vo o'm,
sans barfuaß aweghatscht nach Rom.

Tannhäuser, der war diaf gerührt.
De Pilger ham eahm imponiert.
Er war ja in der gleichn Lag,
hat schwaar gesündigt ohne Frag.
Wenn aa zur Buße gern bereit,
war eahm der Weg nach Rom doch z'weit.

Mir Menschnkinder san hoit so:
ma druckt se meistens, wenn ma ko,
von Umkehr, Buße, Reu und Leid,
aa dann, wenns Zeit werd mit der Zeit.

Der Pilgerzug verschwind't im Woid.
De Sonn geht unter, Nacht is boid.
Tannhäuser, der hat koane Sorgn,
wo er a Bleiwads find't bis morgn.
Denn wiara Richtung Chiemsee geht,
schreit oana: ›Mensch, i täusch mi net!
Tannhäuser, grüaß di, oider Spez!
Wo hast di rumtriem? Sag, wia gehts?«

Zwanzg Männer stehna um eahm rum
und in der Mitt' Graf Adltrumm,
der Herr auf Hohenaschau is.
Und der sagt: »Freunderl, mach koa Gschiß!
Du gehst mit uns, du kimmst grad recht.
Morgn is a a Fest, des paßt net schlecht.

Da kemma alle Sänger zamm,
de guat san und a Harpfa ham.
A edler Wettstreit werd des wer'n.
I sagda: lauter feine Herrn!
Vielleicht kriagst du an erstn Preis.
Oisdann, was is, mach koane Meis!
Mir san grad fertig mit der Jagd.
Du gehst mit uns, i habs scho gsagt.«

Tannhäuser, der schaugt elend aus.
«I konn net«, druckt er schließlich raus.
»A sündigs Lem liegt hinter mir,
drum bin i wirklich net dafür ...«

Da foit der Graf eahm schnell in d'Red:
»Mei Nichte, de Elisabeth,
de wart auf di seit Jahr und Tag!
Scheints woaßt net, daß sie di no mag.
Sie welkt dahi, wenn du net kimmst,
de Sehnsucht is des allerschlimmst!«

»I kimm!« Tannhäuser hats fast gschrian.
»I wui des Madl net verliern!«
Ganz narrisch is er plötzlich gwen.
»Jetzt gfreut mi wieder 's ganze Lem!
Elisabeth, du holde Maid,
i hab net gwußt de ganze Zeit,
daß du mi liabst und treu mir bist.
Verzeih, es war a großer Mist,
daß i vergessn hab auf di.
Doch jetza sag i: nix wia hi!«

Sehgts, liabe Leute, so gehts im Lem.
Von Sühne is koa Red mehr gwen.
Wenn sich a Mo ans Madl hängt,
is jeder Bußgeist schnell verdrängt.
Doch ob sei Liab Erfüllung findt,

erfahrts im Text erst weiter hint.
Wenn oana bei Frau Venus war,
dem hängt was nach, des is ganz klar.
Obs wieder guat werd, ist net gsagt.-

Ois nächstes folgt der zwoate Akt.

Zweiter Akt

Stolz leucht de Burg im letztn Liacht.
A Schattn über d'Felsn kriacht.
Auf Hohenaschau steigt a Fest
für ungfähr hundertfuchzig Gäst.
Im Festsoi steht de holde Maid
Elisabeth im Rüschnkleid.
Sie is alloa und denkt zurück
an d'hoaße Liab und 's große Glück
wia er hat gsunga wunderschee.
»Tannhäuser, i konns net versteh,
daß du di plötzlich hast verdruckt!«
sagts laut und is dann zammazuckt.
Es öffnet se de broade Dür,
der Minnesänger steht vor ihr!

»Elisabeth, was für a Freud!
Hab di entbehrt so lange Zeit!
Mei Herz is voller Sehnsucht gwen.
So ganz alloa, des is koa Lem!«

Sie schautn o a wengerl bang.
»Sag mir, wo warst du denn so lang?
Scho ewig hast di nimmer grührt.
Was war der Grund, is was passiert?«

»Passiert? – Mei Kind, was denkst du nur!
Daß was schiaf glaffa waar, koa Spur.
I hab a lange Reise gmacht
ins Land, wo's schwül is Tag und Nacht.
Wia hoaßts jetzt glei ... I kannt mi irrn,
ois waar a Brettl vor mein Hirn.
Der Nama foit mir nimmer ei.
Er werd dir aa net wichtig sei!«

»Doch!« hat d'Elisabeth drauf gsagt.
Ma woaß, daß d'Weiber d'Neugier plagt.
Doch im Moment geht da nix zamm,
weil d'Minnesänger eizogn san.

Fanfarenstöße hat ma ghört.
Daß net ganz rein warn, hat neamd gstört.
Graf Adltrumm kimmt wia a Pfau
mit Bibiana, seiner Frau,
ois erster durch das Eingangstor.
Glei hinterher a kloana Chor.

Der singt a feierliches Liad,
zwar rein, jedoch a wengerl müad:
»O teure Halle, sei gegrüßt!«
Dann oana, der zwoa Meter mißt,
des is der Graf von Hühnerbrüh,
führt übers ganze de Regie.
De nächstn tragn a Uniform
und waarn vor Eleganz fast gstorm.
Es geht hoit camois, wia seither,
net leicht was ohne Militär.

Dann folgt, vor Ehrerbietung stumm,
das bürgerliche Publikum.
Aa des warn lauter bessre Leut,
de oana reich, de andern gscheit.
Jetzt wieder a Fanfarenstoß
– de Neugier steigt, de Augn wer'n groß –
es kimmt der letzte Teil vom Zug.
Im künstlerischen Höhenflug
ziahng stolz de Minnesänger ei.
Daß edl san, des siehgt ma glei.
A jeder hat sei Harpfa tragn.
Alloa scho des, des muaß ma sagn,
hats aus der Menge außagho'm
und scho wias gehnga, ungelogn …

Des hoaßt von »Geh« konnst da net re'n,
geschrittn sans, des hat ma gsehng,
und so entrückt, wias dreigschaugt ham –
ma merkt sofort, daß Dichter san.

Der Tannhäuser, der reiht se ei,
er is ois Sänger mit dabei.
Sie setzn sich aufs Podium.
Dann red't ganz kurz Graf Adltrumm:
»Verehrte Damen, meine Herrn,
mir wer'n jetzt von den Sängern hörn
was unter Liab is zu versteh.
Sie wern dem Thema nachegeh
und uns in lichte Höhen führn.
I hoff, des werd euch intressiern.
Ihr Wort sei rein und hoffnungsfroh,
daß jeds a Schei'm sich abschnei'n ko.«

Ois erster singt Graf Kunz von Stein.
Sei Liad hoaßt: »Ewig, ewig dein!«
Graf Kunz von Stein is a Tenor.
Er tragt sei Liad begeistert vor.
Er singt, daß d'Liab is irdisch zwar
– drum braacht sie sittlich oft Gefahr –
de wahre Kraft de kaam von o'm,
da waar a Wunderbrunnen drom,
der uns beglücket immer mehr.
Ma fragt se bloß: Wo nimmt er's her?
So hat er gsunga ziemlich lang
im dichterischn Überschwang,
ois waar de Lust, de d'Liab beschert
rein irdisch und deswegn verkehrt.
Doch d'Leut warn trotzdem angerührt
und ham eahm herzlich applaudiert.
Nur grad Tannhäuser paßt was net.
Ma siehgt, wia er vom Stui aufsteht
und hastig nach der Harpfa langt.

»Graf Kunz von Stein, du bist bedankt!
Doch muaß i sagn«, so singt er laut,
»dei Gsangl hat mi net erbaut!
De irdisch Liab veracht i net,
im Gegenteil, so oft ois geht
wend i mi schönen Frauen zua.
Warum aa net, es gibt ja gnua.
Des ghört zum Lem, i sag des frei.
A wengerl Lust, des möcht scho sei!«

Da greift der Sänger Franz von Born
in d' Saitn rei und singt im Zorn:
»Tannhäuser, du bist fehl am Platz.
Des, was du moanst, is dummes Gschwatz.
de freie Liab – sei mir net bös –
de führt ins Chaos, glaab ma des!
Nur Leidenschaft, des is net guat,
a Minnesänger gibt sei Bluat
im Kampf für edler Frauen Ehr.
A Lump wia du, ghört net da her!«

Tannhäuser is schier platzt vor Zorn.
Jetzt isa richtig narrisch wor'n.
»Wenns euch net paßt, i konn ja geh.
I woaß, ihr könnts mi net versteh.
I fürcht mi net vor euerm Gricht
und sag euch ohne Reu ins Gsicht:
I bin – des muaß ma moi dalem –
a Jahr lang bei Frau Venus gwen ...«

Kaam war des letzte Wartl raus
da ham de Mannerleut – o Graus –
de Schwerter aus der Scheide zogn,
es warn a zwanzge, ungelogn,
und stürma auf Tannhäuser ei
mit einer wüastn Schreierei.

Des ganze Volk war aufgebracht
und hat an Mordsradau hergmacht.

»Er is, wia konns denn sowas gem,
a Jahr lang bei Frau Venus gwen!
Des muaß er büaßn auf der Stell,
glei fahrts eahm raus, sei schwarze Seel.«

Doch eh de Leut a Bluat ham gsehng
is ebbas Wunderbares gschehng:
d'Elisabeth, de holde Maid,
de stellt se vor eahm hi und schreit:
»Zurück, es derf eahm neamd was doa!
'as Strafgericht hoit Gott alloa.
I bitt, laßts eahm für Buße Zeit,
bevor er geht in d'Ewigkeit!«

Des hat auf d' Leut an Eindruck gmacht.
»Ja wenn ma des a so betracht«,
hat glei drauf gsagt Graf Adltrumm,
»Dann kemma, moan i, net drum rum,
daß mir eam gem Gelegenheit
zur Buße, daß eahm Gott verzeiht.
Drum soi er pilgern bis nach Rom.
Der Papst werd den verlornen Sohn
befrein von seiner Sündnschuid,
und was er sagt, der Papst, des guit.«

De Sänger und aa 's Publikum,
de moana wia Graf Adltrumm,
daß des de beste Lösung waar.
Auf de Weis war dann alles klar.
Tannhäuser nimmt de Buß auf sich.
Sei Stimmung, de war fürchterlich.
A Blick no auf d'Elisabeth,
dann nimmt er d'Harpfa auf und geht.
Er woaß, wia schwer er gsündigt hat.

Im Pilgerzug zur ewgen Stadt
da werd er büaßn für sei Schuid.
Der Herrgott hat mit eahm Geduid.
Der Papst werd grad so gnädig sei.
So hoda denkt und buid se ei,
daß wieder alles guat wer'n kannt.

D'Frau Venus in der Kampnwand,
de werd er niamois wiedersehng.
De ganze Gaude waar net gschehng,
wenn net des Luada gwesn waar.
Doch jetzt is alles aus und gar.
Doch was is mit Elisabeth?
Mir wer'n ja sehng, obs zu eahm steht.
Sie werd schwer krank, sovui sei gsagt,
obs stirbt, erfahrts im letztn Akt.

Dritter und letzter Akt

Papst Urban hat an schlechtn Tag.
Er war saugrantig ohne Frag.
Mag sei, es is am Weda glegn,
obwoi in Rom, da hats koan Föhn.
Tannhäuser hat in Demut beicht.
Der Papst fahrt hoch und sagt: »Es reicht!
A Jahr bist bei Frau Venus gwen,
a ganzes Jahr, wia konns des gem!
I dua für jedn, was i konn,
gib gern a Absolution.
A Jahr jedoch is einfach z'vui,
da huift aa net der Heilge Stui!«
Dann hoda gsagt, es daat eahm leid,
hat auf sein Hirtnstab hideut:

»Wia aus eahm wachst koa frisches Grün,
so werd auch niamois dir verziehn.
Neamd konn dir helfa aus der Not.
I hab koa Zeit mehr, pfüa di God!«

So isa ganga ohne Trost.
Der Papst war einfach zu erbost.
De letzte Hoffnung is zerschlagn.
Er war verzweifed, net zum sagn.
Tannhäuser pilgert hoamwärts zua.
Sei armes Herz kimmt net zur Ruah.
Drei lange Monat hat er braucht
– der rauhe Winter hatn gschlaucht –
bis er in Aschau macht an Hoit.
Dezember wars und eisig koit.

Tannhäuser fuit se sterwadskrank.
Boid geht a End her, Gott sei Dank.
Es gibt neamd, der eahm helfa kannt –
da schaugt er nauf zur Kampnwand.
D' Frau Venus foit eahm fiabrig ei,
de kannt sei letzte Rettung sei.
Und wenn ers aa beleidigt hat,
es war ja nur des oane grad,
daß er ihr gsagt hat, sie waar dumm,
des nimmts eahm weiter nimmer krumm.
Was war sie mollig, liab und nett!
Er denkt ans weiche Daunenbett ...
Des beste is, er geht zu ihr.
Er rafft se auf mit letzter Müah.
D' Frau Venus werd se sicher freun,
denn desmoi wui er ewig bleim.

Da konn ma sehng, wie leicht a Mo,
aa wenn er kaam no hapfa ko
und eahm aa sonst koa Hoffnung bleibt,
de Fleischeslust no vorwärtstreibt.
Er geht an Weg zur Kampnwand
und hofft, daß alles guat wer'n kannt.
Doch wia er vor an Feldkreuz steht,
da foit eahm ei d'Elisabeth!
Sie werd'n längst verurteilt ham,
genau wia alle andern zamm.
Er ist verstoßn und veracht,
eahm bleibad nur a finstre Nacht.
So duada nimmer umanand
und geht in Richtung Kampnwand.

Da hört er, wia a Glockn läut
und woaß sofort, was des bedeut.
Es muaß oans gstorm sei drin im Ort.
Am Woidrand hint, beim Friedhof dort,
da kimmt a Leichnzug daher

und auf zehn Meter ungefähr,
da fahrt er zamma, weil er siehgt,
wer auf der Totnbahre liegt:
neamd anders, wia d'Elisabeth!
Sie is, wias auf der Welt so geht,
gemütskrank gwen a lange Zeit.
Und dann is gstorm vor Traurigkeit,
weils gfürcht hat, der Gehabte kannt
no oamoi geh auf d'Kampnwand,
wenn er zwengs seiner schwaaren Sünd
in Rom unt koa Verständnis find't.

Tannhäuser, wiaras hört de Gschicht,
mit einem Aufschrei zammabricht.
Aa er stirbt auf der Stell dahi
aus Gram und Not, genau wia sie.
Und damit is de Gschichte aus.
Is schad, sie geht so traurig naus.
Doch zwischnnei is lustig gwen,
wias hoit aa is im Menschnlem.

A Überraschung no zum End:
Papst Urban hat se nimmer kennt,
wia er sein Hirtnstab betracht.
Da hats doch pfeigrad über Nacht
a Zweigal ausatriem schee grea.
Er schreit sofort seim Sekretär.
Der sagt eahm, was der Zweig bedeut:
»Wenns mi scho fragn, o Heiligkeit:
Gott is hoit immer no – des glabst –
barmherziger ois wia der Papst.«